中学地理

Gakken

はじめに

中学生のみなさんにとって，年に数回実施される「定期テスト」は，重要な試験ですよね。定期テストの結果は，高校入試にも関係してくるため，多くの人が定期テストで高得点をとることを目指していると思います。

テストでは，さまざまなタイプの問題が出題されますが，その1つに，しっかり覚えて得点につなげるタイプの問題があります。そのようなタイプの問題には，学校の授業の内容から，テストで問われやすい部分と，そうではない部分を整理して頭の中に入れて対策したいところですが，授業を受けながら考えるのは難しいですよね。また，定期テスト前は，多数の教科の勉強をしなければならないので，各教科のテスト勉強の時間は限られてきます。

そこで，短時間で効率的に「テストに出る要点や内容」をつかむために最適な，ポケットサイズの参考書を作りました。この本は，学習内容を整理して理解しながら，覚えるべきポイントを確実に覚えられるように工夫されています。また，付属の赤フィルターがみなさんの暗記と確認をサポートします。

表紙のお守りモチーフには，毎日忙しい中学生のみなさんにお守りのように携えてもらうことで，いつでもどこでも学習をサポートしたい！ という思いを込めています。この本を活用したあなたの努力が成就することを願っています。

出るナビ編集チーム一同

出るナビシリーズの特長

定期テストに出る要点が ギュッとつまったポケット参考書

項目ごとの見開き構成で，テストに出る要点や内容をしっかりおさえています。コンパクトサイズなので，テスト期間中の限られた時間での学習や，テスト直前の最終チェックまで，いつでもどこでもテスト勉強ができる，頼れる参考書です。

見やすい紙面と赤フィルターで いつでもどこでも要点チェック

シンプルですっきりした紙面で，要点がしっかりつかめます。また，最重要の用語やポイントは，赤フィルターで隠せる仕組みになっているので，手軽に要点が身についているかを確認できます。

こんなときに 出るナビが使える！

持ち運んで，好きなタイミングで勉強しよう！　出るナビは，いつでも頼れるあなたの勉強のお守りです！

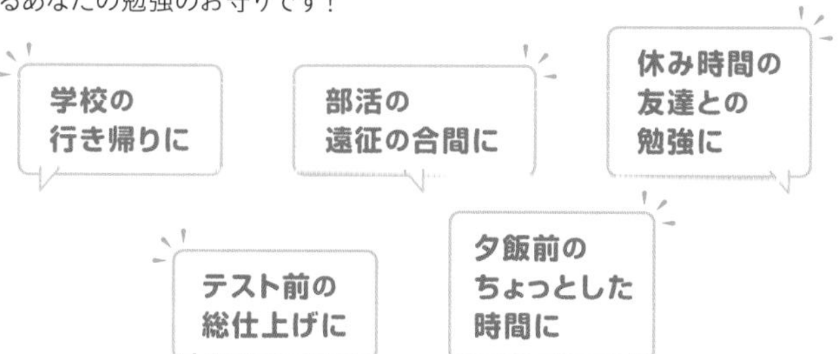

この本の使い方

赤フィルターをのせると消える!

最重要用語や要点は，赤フィルターで隠して確認できます。確実に覚えられたかを確かめよう！

特にテストに出やすい項目についています。時間がないときなどは，この項目だけチェックしておこう。

2章 世界の諸地域

9 アジア州の自然と農業

1 アジアの自然と気候

(1) アジアの地形

◎山脈…ヒマラヤ山脈。（世界一高いエベレスト山）

◎半島…アラビア半島，インド半島，インドシナ半島など。

◎河川…中国の長江（チャンチャン）・黄河（ホワンホー），メコン川，インダス川（インダス文明），ガンジス川，ティグリス川（メソポタミア文明）。

▲アジア州の主な地形

(2) アジアの気候

①湿潤な地域…東・東南・南アジア。季節風（モンスーン）の影響が強い地域は，雨が多い雨季と雨が少ない乾季に分かれる。

②乾燥した地域…東アジアの内陸部，中央・西アジア⇨砂漠やステップが広がる。

③シベリア…亜寒帯（冷帯）と寒帯。

くわしく

季節風（モンスーン）
夏と冬で風向きが逆になる風。夏は海洋から大陸へ湿った風が，冬は大陸から海洋へ向けて乾いた風が吹く。

2 農業

(1) 稲作…季節風（モンスーン）の影響
⇨高温多雨の地域でさかん。

◎東アジア…中国南部・日本・韓国。

◎東南アジア…二期作。（同じ農地で年に2回同じ作物をつくる）

◎南アジア…インド・バングラデシュ。（ガンジス川中・下流域）

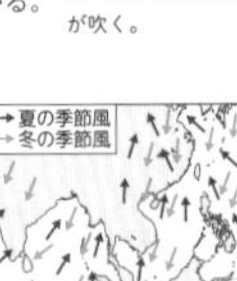

▲季節風の向き

28

定期テスト 出るナビ 中学地理の特長

◎テストに出る用語・要点を簡潔にまとめてあります。

◎重要用語を解説するサイド情報や資料が豊富！

テストでは

テストで問われやすい内容や，その対策などについてアドバイスしています。

テストでは 季節風（モンスーン）の影響が強い地域の気候・農業の様子は要チェック。プランテーションでつくられる農作物もよく出る。

2章

(2) **プランテーション**…植民地時代に欧米諸国が輸出用作物を大規模に栽培した農園。マレーシアやインドネシアでは天然ゴムから**油やし**への転換が進む。フィリピンでバナナ，ベトナムでコーヒー。

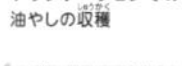

▲プランテーションでの油やしの収穫

(Alamy/PPS通信社)

(3) **南アジアの農業**…デカン高原で**綿花**，アッサム地方やスリランカで**茶**の栽培がさかん。

(4) **乾燥地帯の農業**…**遊牧**や**オアシス農業**。

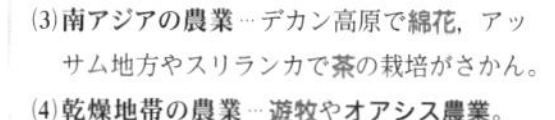

データファイル

綿花と茶の国別生産量割合

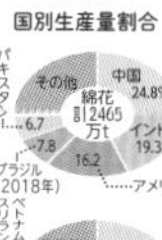

（「世界国勢図会」）

3 宗教

(1) **仏教**…東南アジアや東アジアに広がる。

(2) **イスラム教**…アラビア半島で生まれ，西アジアや南アジア，東南アジアに広がる。

(3) **キリスト教**…フィリピンで信者が多数。

(4) **ヒンドゥー教**…インドで信者が多数。

本文をより理解するための解説で，得点アップをサポートします。

ミス注意

テストでまちがえやすい内容を解説。

くわしく

本文の内容をより詳しく解説。

データファイル

重要な統計・資料など。

参考

知っておくと役立つ情報など。

テストの例題チェック

① ネパール・インド北東部・中国南西部にそびえる，8000mを超える山々が連なる山脈を何という？ [ヒマラヤ山脈]

② 季節風のことをカタカナで何という？ [モンスーン]

③ ②の影響を受ける地域でさかんな農業は何？ [稲作]

④ 植民地時代に欧米諸国が開いた大農園を何という？ [プランテーション]

⑤ インドのデカン高原で栽培がさかんな農作物は何？ [綿花]

⑥ インドネシアの人々の多数が信仰している宗教は何？ [イスラム教]

29

テストの例題チェック

テストで問われやすい内容を，問題形式で確かめられます。

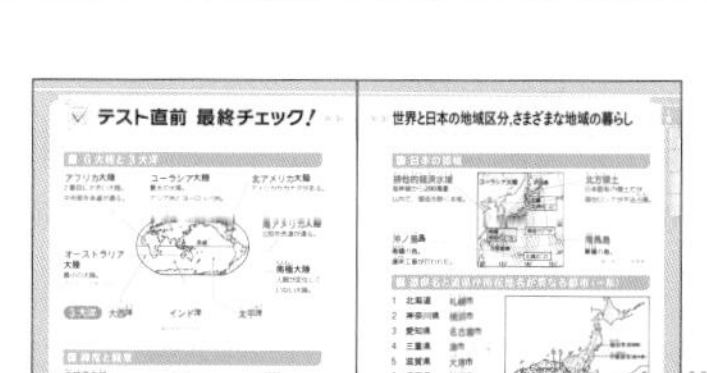

テスト直前 最終チェック！で テスト直前もバッチリ！

テスト直前の短時間でもパッと見て要点をおさえられるまとめページもあります。

もくじ

この本の使い方 …4
出るナビが暗記アプリでも使える！ …9

1章 世界と日本の姿

1 地球の姿 …… 10
2 世界の国々 …… 12
3 日本の位置と範囲 …… 14
4 日本の地域区分と都道府県 …… 16
5 世界の気候 …… 18
6 さまざまな地域の暮らし …… 20
7 世界の宗教と衣食住 …… 22

テスト直前 最終チェック！ ▶ 世界と日本の地域区分，さまざまな地域の暮らし …… 24

2章 世界の諸地域

8 アジア州の姿 …… 26
9 アジア州の自然と農業 …… 28
10 韓国，中国，南アジアの様子 …… 30
11 ヨーロッパ州の姿 …… 32
12 ヨーロッパ州の自然と課題 …… 34
13 ヨーロッパ州の農業，工業 …… 36
14 アフリカ州，北アメリカ州の姿 …… 38
15 アフリカ州の自然と産業 …… 40

テスト直前 最終チェック！ ▶ アジア州～アフリカ州 …… 42

16 北アメリカ州の自然と農業 …… 44
17 北アメリカ州の工業と生活 …… 46
18 南アメリカ州，オセアニア州の姿 …… 48
19 南アメリカ州の自然と産業 …… 50
20 オセアニア州の自然と産業 …… 52

テスト直前 最終チェック！ ▶ 北アメリカ州～オセアニア州 …… 54

3章 身近な地域の調査
21 地形図の見方 …… 56
22 調査の仕方（発表の仕方）…… 58

4章 日本の地域的特色
23 日本の地形 …… 60
24 日本の気候 …… 62
25 日本の自然災害と備え …… 64
26 日本の人口 …… 66

テスト直前 最終チェック！ ▶ 身近な地域の調査，日本の地形・気候・人口 …… 68

27 日本の資源・エネルギー …… 70
28 日本の農林水産業 …… 72
29 日本の農業地域 …… 74
30 日本の工業，商業・サービス業 …… 76
31 日本の工業地域 …… 78
32 日本の交通・通信 …… 80

テスト直前 最終チェック！ ▶ 日本の資源・エネルギー，産業 …… 82

5章 日本の諸地域
33 九州地方の姿 …… 84
34 九州地方の自然と農業 …… 86
35 九州地方の工業と沖縄 …… 88
36 中国・四国地方の姿 …… 90
37 中国・四国地方の自然と交通 …… 92
38 中国・四国地方の産業と課題 …… 94
39 近畿地方の姿 …… 96
40 近畿地方の自然と景観保全 …… 98
41 近畿地方の工業と京阪神 …… 100

テスト直前 最終チェック！ ▶ 九州地方～近畿地方 …… 102

42 中部地方の姿 …… 104
43 中部地方の自然と東海の産業 …… 106
44 中央高地と北陸の産業 …… 108
45 関東地方の姿 …… 110
46 関東地方の自然と東京大都市圏 …… 112
47 関東地方の産業 …… 114
48 東北地方の姿 …… 116
49 東北地方の自然と伝統文化 …… 118
50 東北地方の産業 …… 120
51 北海道地方の姿 …… 122
52 北海道地方の自然と歩み …… 124
53 北海道地方の産業 …… 126
テスト直前 最終チェック! ▶ 中部地方～北海道地方 …… 128

重要用語チェック … 130

が暗記アプリでも使える!

ページ画像データをダウンロードして,
スマホでも「定期テスト出るナビ」を使ってみよう!

暗記アプリ紹介&ダウンロード 特設サイト

スマホなどで赤フィルター機能が使える便利なアプリを紹介します。下記のURL, または右の二次元コードからサイトにアクセスしよう。自分の気に入ったアプリをダウンロードしてみよう!

Webサイト https://gakken-ep.jp/extra/derunavi_appli/

「ダウンロードはこちら」にアクセスすると, 上記のサイトで紹介した赤フィルターアプリで使える, この本のページ画像データがダウンロードできます。使用するアプリに合わせて必要なファイル形式のデータをダウンロードしよう。

※データのダウンロードにはGakkenIDへの登録が必要です。

ページデータダウンロードの手順

① アプリ紹介ページの「ページデータダウンロードはこちら」にアクセス。

② Gakken IDに登録しよう。

③ 登録が完了したら,この本のダウンロードページに進んで,
下記の『書籍識別ID』と『ダウンロード用PASS』を入力しよう。

④ 認証されたら,自分の使用したいファイル形式のデータを選ぼう!

書籍識別ID testderu_ge

ダウンロード用PASS V9eiSfrp

〈注 意〉

◎ダウンロードしたデータは,アプリでの使用のみに限ります。第三者への流布,公衆への送信は著作権法上,禁じられています。◎アプリの操作についてのお問い合わせは, 各アプリの運営会社へお願いいたします。◎お客様のインターネット環境および携帯端末によりアプリをご利用できない場合や, データをダウンロードできない場合, 当社は責任を負いかねます。ご理解, ご了承いただきますよう, お願いいたします。◎サイトアクセス・ダウンロード時の通信料はお客様のご負担になります。

1 地球の姿

1 地球の姿

(1) **大きさ**…半径約6400km，全周約４万km。

(2) **陸地と海洋**…比率は陸 **3** ：海 **7** 。

(3) **6大陸**…**ユーラシア大陸**，アフリカ大陸，北アメリカ大陸，南アメリカ大陸，**オーストラリア大陸**，南極大陸。
└─ 一番大きな大陸

(4) **3大洋**…**太平洋**（たいへいよう），大西洋（たいせいよう），インド洋。
└─ 一番大きな海洋

データファイル

陸地と海洋の内訳

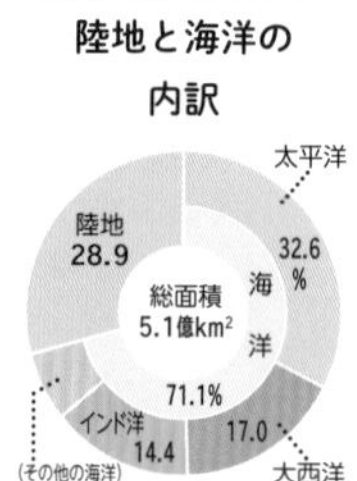

（2022年版「理科年表」）

2 地球儀と世界地図

(1) **地球儀**（ぎ）…地球を縮小した模型。**面積・距離**（きょり）**・方位・角度のすべてをほぼ正確に表現**。

(2) **緯線**（いせん）**と経線が直角に交わる地図**
└─ メルカトル図法。主に航海図に利用。

(3) **中心からの距離と方位が正しい地図**
└─ 正距方位図法。主に航空図に利用。

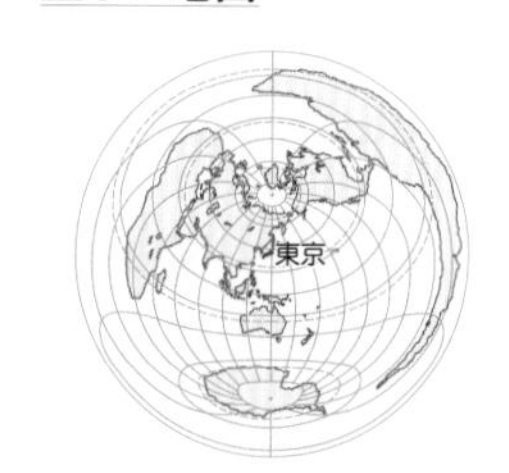

(4) **面積が正しい地図**
└─ モルワイデ図法。主に分布図に利用。

くわしく

メルカトル図法は，赤道から離（はな）れるほど，**面積が拡大**する。

テストでは 6大陸と3大洋の位置と名前はよく出るので注意。中心からの距離と方位が正しい地図についても，見方を覚えておこう。

3 | 緯度と経度

(1) **緯度**…**赤道**を0度として，南北をそれぞれ90度に分ける。赤道より北が**北緯**，南が**南緯**。

(2) **経度**…**ロンドン**を通る**本初子午線**を0度として，東西をそれぞれ180度に分ける。本初子午線より東が**東経**，西が**西経**。

└── イギリスの首都

(3) **地球上の反対側の地点**…**対せき点**。

◎東経135度，北緯35度の対せき点は，西経45度，南緯35度。

└── 180度－東経135度＝西経○○度で計算

くわしく

■**緯線**…同じ緯度を結んだ横の線で，赤道と平行。

■**経線**…同じ経度を結んだ縦の線。

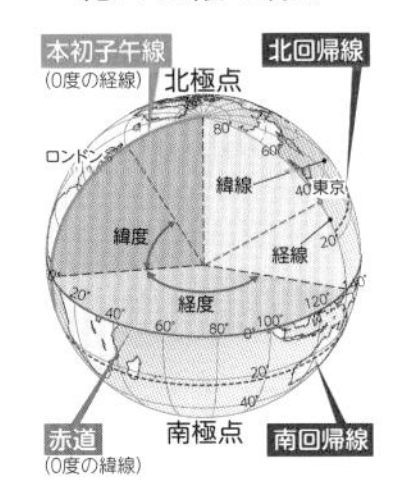

4 | 気温と季節の違い

(1) **気温の違い**…高緯度ほど，気温は低くなる。

(2) **季節の違い**…北半球と南半球では，季節が**逆**になる。

└── オーストラリアなど

テストの例題チェック

① 地球の全周は約何km？ ［ 約4万km ］

② 陸地と海洋のうち，海洋の比率は約何割？ ［ 約7割 ］

③ 世界で一番大きな大陸は？ ［ ユーラシア大陸 ］

④ 世界で一番大きな海洋は？ ［ 太平洋 ］

⑤ 緯度0度の緯線を何という？ ［ 赤道 ］

⑥ 経度0度の経線を何という？ ［ 本初子午線 ］

⑦ 日本が夏のとき，オーストラリアの季節は？ ［ 冬 ］

2 世界の国々

1 | 世界の地域区分

(1) **国の数**…**190余り**の国々（2022年）。

(2) **地域区分**…**アジア州**，**ヨーロッパ州**，**アフリカ州**，**北アメリカ州**，**南アメリカ州**，**オセアニア州**に分けられる。
（アジア州：最大の州）

2 | さまざまな国境線

(1) **川を利用した国境線**…ザンビアとジンバブエ，アメリカとメキシコなど。
（ザンビアとジンバブエ：ザンベジ川，アメリカとメキシコ：リオグランデ川）

(2) **山脈を利用した国境線**…イタリアとスイス，チリとアルゼンチンなど。
（イタリアとスイス：アルプス山脈，チリとアルゼンチン：アンデス山脈）

(3) **人工的な国境線**…**経線と緯線**（いせん）**を利用**。アフリカ州の国々に多くみられる。

3 | さまざまな国旗

(1) **オセアニア州の国々の国旗**…**イギリス**の国旗である「ユニオンジャック」が取り入れられた国旗が多い。
（オセアニア州の国々：イギリスの植民地だった国が多い）

オーストラリア

ニュージーランド

フィジー

くわしく

アジア州の地域区分

アジア州はさらに，東アジア，東南アジア，中央アジア，南アジア，西アジアなどに分けることができる。

参考

直線的な国境線

かつてアフリカを支配していたヨーロッパの国々は，緯線や経線に沿って境界線を引いた。その名残が現在でも国境線として残っているため，**アフリカ州には直線的な国境線が多い。**

テストでは 世界を6つの州に分ける地域区分は覚えておくこと。面積が大きい国，人口が多い国の上位はしっかり押さえておこう。

4 | 国名の由来

(1) **コロンビア**…アメリカ大陸に到達したコロンブスの名前が由来。

(2) **エクアドル**…スペイン語で「**赤道**」を意味する。
└─ 国土を赤道が通る

5 | 世界の国々の特色

(1) **島国と内陸国**…日本，スリランカ，ニュージーランドは**島国（海洋国）**。モンゴル，スイス，ボリビアは**内陸国**。
└─ 周りを海に囲まれた国
海に面していない国 ─┘

(2) **面積**…一番大きい国は**ロシア**。一番小さい国は**バチカン市国**。
└─ 日本の面積の約45倍
└─ イタリアの首都ローマ市内にある

(3) **人口**…**中国**と**インド**が13億人を超える。

◎ **人口密度**…人口を面積で割ったもの。
└─ 1 km²あたりの人口で表す

データファイル
面積が大きい国 トップ5

国名	面積
ロシア	1709.8万km²
カナダ	998.5万km²
アメリカ	983.4万km²
中国	960.0万km²
ブラジル	851.6万km²

（2019年）（「世界国勢図会」）

データファイル
人口が多い国 トップ5

国名	人口
中国	14億3932万人
インド	13億8000万人
アメリカ	3億3100万人
インドネシア	2億7352万人
パキスタン	2億2089万人

（2020年）（「世界国勢図会」）

テストの例題チェック

① 2022年現在，世界の国の数は？ [190余り]
② 世界の地域区分で，日本が属しているのは何州？ [アジア州]
③ 経線と緯線を利用した国境線が多くみられるのは何州？ [アフリカ州]
④ 国名がスペイン語で「赤道」を意味する国は？ [エクアドル]
⑤ 周りを海に囲まれた国を何という？ [島国（海洋国）]
⑥ 面積が世界で一番大きな国は？ [ロシア]
⑦ 2022年現在，人口が世界で一番多い国は？ [中国]

3 日本の位置と範囲

1 | 日本の位置

(1) **日本の位置** … **ユーラシア**大陸の東，**太平洋**(たいへいよう)の北西に位置する。

(2) **日本の緯度**(いど)**・経度** … 日本は，北緯(ほくい)約**20**度～46度，東経約122度～**154**度の間にある。

(3) **同緯度の国** … アメリカ，中国，スペインなど地中海沿岸の国々。

(4) **同経度の国** … **オーストラリア**など。
└ オセアニア州に属する

ミス注意
日本は北半球，オーストラリアは南半球にあるため，**季節は逆**になり，日本が夏のとき，オーストラリアは冬になる。

2 | 日本の範囲

(1) **面積** … 国土面積は約**38**万km^2。日本列島の長さは約**3000**km。

(2) **領域** … **領土**(北海道，**本州**，四国，九州と周辺の島々)，**領海**，**領空**。
日本では海岸線から12海里以内

(3) **排他的経済水域**(はいた) … 海岸線から**200海里以内の海域**。水産資源，鉱産資源は沿岸国が権利をもつ。
領海を除く部分

(4) **東西南北の端**(はし)
◎北端(ほくたん) … **択捉**(えとろふとう)島(北海道)。
◎東端 … **南鳥**(みなみとりしま)島(東京都)。
◎南端 … **沖ノ鳥**(おきのとりしま)島(東京都)。水没(すいぼつ)しないよう護岸工事を行った。
└ 広い排他的経済水域を失わないようにするため
◎西端 … **与那国**(よなぐにじま)島(沖縄県)。

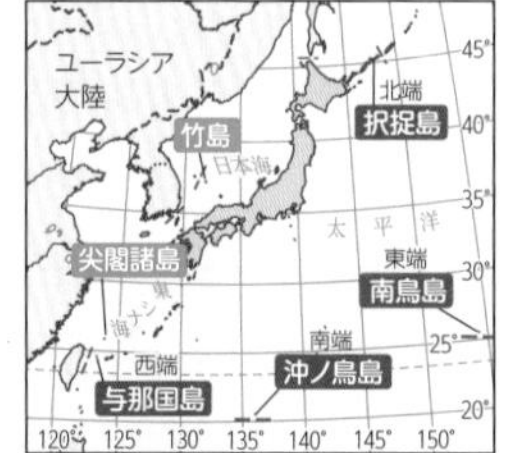

▲日本の範囲

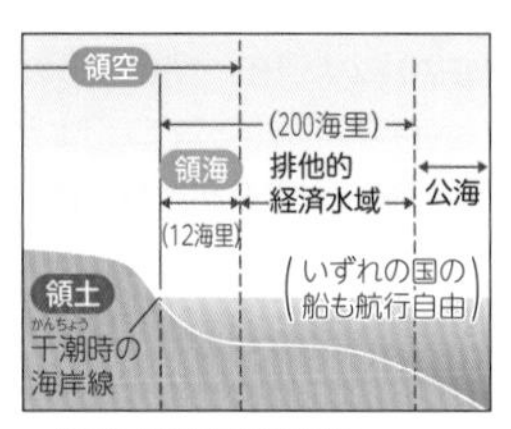

▲領域と排他的経済水域

テストでは 沖ノ鳥島の護岸工事の目的と排他的経済水域の関係を文章で書けるようにしておこう。時差についての問題はよく出るので注意。

3 | 領土をめぐる問題

(1) **北方領土**(ほっぽうりょうど)…北海道に属する日本固有の領土。**択捉島**，**国後島**(くなしりとう)，**色丹島**(しこたんとう)，**歯舞群島**(はぼまいぐんとう)。現在，**ロシア**が不法に占拠(せんきょ)。

(2) **竹島**(たけしま)…島根県に属する日本固有の領土。現在，**韓国**(かんこく)が不法に占拠。

(3) **尖閣諸島**(せんかく)…沖縄県に属する日本固有の領土。現在，中国などが領有権を主張。

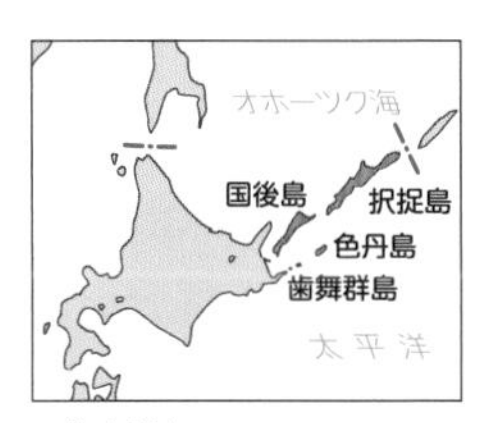

▲北方領土

4 | 時差のしくみ

出る

(1) **時差**…経度**15**度で1時間の時差。

(2) **日本の標準時**…兵庫県**明石市**(あかし)を通る**東経135度**の経線を**標準時子午線**(しごせん)とする。
└─ 真上に太陽が来たときを正午(午後0時)とする

(3) **日付変更線**…西から東へ越えるときは日付を1日遅(おく)らせ，東から西へ越えるときは1日進める。

くわしく

時差の求め方

①**経度差**を求める。
※東経の都市と西経の都市の経度差は足し算で求める。

②**経度差÷15**で計算。
(例)東京－ニューヨーク
(135+75)÷15=14(時間)
※東にある地点のほうが時刻は早い。

テストの例題チェック

① 日本は何大陸の東に位置している？ [ユーラシア大陸]
② 日本の最南端の島は？ [沖ノ鳥島]
③ 領海を除く，海岸線から200海里以内の海域を何という？ [排他的経済水域]
④ ロシアが占拠している日本固有の領土を何という？ [北方領土]
⑤ 韓国が占拠している日本固有の領土を何という？ [竹島]
⑥ 日本が1月1日午前6時のとき，ロンドンの日時は？ [12月31日午後9時]

4 日本の地域区分と都道府県

1｜日本の地域区分

(1) **7地方区分**…北海道地方，東北地方，**関東**地方，中部地方，**近畿**(きんき)地方，中国・四国地方，**九州**地方。
（関東：東京都などが属する／九州：福岡県などが属する）

(2) **3地方区分**…東日本，西日本，北海道。

(3) **一つの地方を細かく区分**

◎中国地方…**山陰**(さんいん)，**山陽**(さんよう)。

◎中国・四国地方…**山陰**，**瀬戸内**(せとうち)，**南四国**。

◎中部地方…**東海**，**中央高地**，**北陸**。

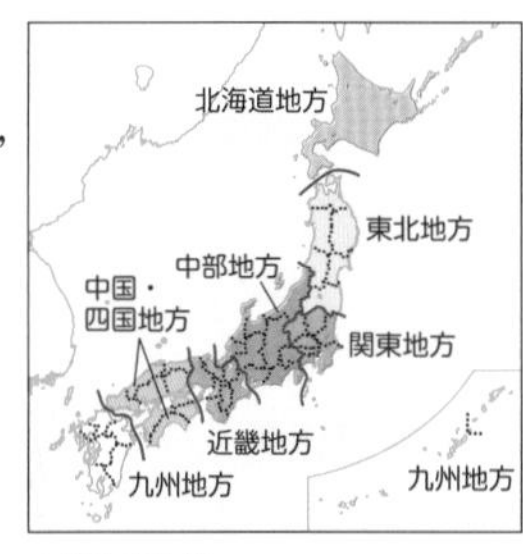

▲7地方区分

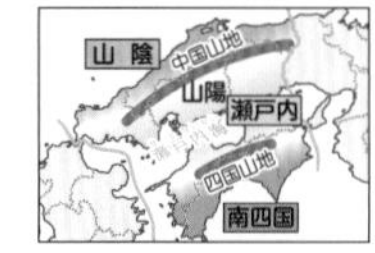

▲中国・四国地方の地域区分

2｜都道府県の構成

(1) **都道府県の数**…**47**の都道府県（1都，1道，2府，43県）からなる。
（1都：東京都／1道：北海道／2府：大阪府，京都府）

(2) **都道府県庁所在地**…**城下町**(じょうかまち)や港町(みなとまち)，門前町(もんぜんまち)などとして発達した都市が多い。
（門前町：寺や神社などの前に発達した町）

(3) **都道府県境**…**山地**や河川(かせん)，海峡(かいきょう)などの自然を利用した境界が多い。

(4) **県名と県庁所在地名が異なる都道府県**…**横浜**(よこはま)市（神奈川県），**金沢**(かなざわ)市（石川県），**神戸**(こうべ)市（兵庫県）など，全国に17ある（埼玉県のさいたま市を除く）。

▲中部地方の地域区分

▶山地の県境
（朝日新聞社／Cynet photo）

テストでは 面積と人口の数字を比べて，どの都道府県かを問う問題がよく出る。都道府県名と異なる都道府県庁所在地名を押さえておこう。

3 | 都道府県の特色

(1) **面積**…最も大きいのは**北海道**。以下，**岩手県**，**福島県**と続く。最も小さいのは**香川県**。以下，**大阪府**，**東京都**の順(2020年)。

(2) **人口**…最も多いのは**東京都**。以下，**神奈川県**，**大阪府**と続く。最も少ないのは**鳥取県**。以下，**島根県**，**高知県**の順(2020年)。

(3) **海に面していない都道府県**…埼玉県，栃木県，**群馬**県，山梨県，**長野**県，岐阜県，**奈良**県，滋賀県の８県。
（群馬県：関東地方の県　長野県：中部地方の県　奈良県：近畿地方の県）

(4) **周りを海に囲まれた都道府県**…北海道と**沖縄**県の２道県。

データファイル
人口の多い都道府県

都道府県	人口
東京都	1406.5万人
神奈川県	924.0万人
大阪府	884.3万人
愛知県	754.6万人
埼玉県	734.7万人

(2020年)(2022年版「県勢」)

データファイル
人口の少ない都道府県

都道府県	人口
鳥取県	55.4万人
島根県	67.2万人
高知県	69.2万人
徳島県	72.0万人
福井県	76.7万人

(2020年)(2022年版「県勢」)

テストの例題チェック

① 7地方区分で大阪府や三重県が属するのは何地方？ [近畿地方]
② 中部地方を三つに分けると，東海，北陸とどこ？ [中央高地]
③ 日本には，いくつの都道府県がある？ [47]
④ 兵庫県の県庁所在地は？ [神戸市]
⑤ 面積が一番大きい都道府県は？ [北海道]
⑥ 面積が一番小さい都道府県は？ [香川県]
⑦ 人口が一番多い都道府県は？ [東京都]
⑧ 近畿地方で海に面していない都道府県は，奈良県とどこ？ [滋賀県]
⑨ 周りを海に囲まれた都道府県は，沖縄県とどこ？ [北海道]

5 世界の気候

1 | 世界の気候区分

(1) **熱帯**…赤道周辺に分布。一年中高温。

①**熱帯雨林気候**…一年中雨が多い。

②**サバナ気候**…雨季と乾季に分かれる。

(2) **乾燥帯**…中緯度地域や内陸部に分布。降水量が少ない。

①**砂漠気候**…一年中雨がほとんど降らない。

②**ステップ気候**…やや降水量がある。

(3) **温帯**…中緯度地域に広がる。温暖な気候。

①**温暖湿潤気候**…**季節風**(モンスーン)の影響で年間降水量が多く，冬と夏の気温差が大きい。

②**西岸海洋性気候**…**偏西風**と**暖流**の影響で，冬は高緯度のわりに温暖。

③**地中海性気候**…夏は乾燥するが，冬はやや降水量が多い。

(4) **亜寒帯(冷帯)**…北半球の高緯度地域のみに分布。冬の寒さが厳しい。**タイガ**が広がる。
(タイガ：針葉樹の森)

(5) **寒帯**…南極，北極周辺。一年中低温。

①**ツンドラ気候**…短い夏に地表の氷がとけ，こけ類が生える。

②**氷雪気候**…一年中氷と雪に覆われる。

ミス注意

■**季節風(モンスーン)**…夏と冬で風向きが変わる風。夏は海洋から大陸へ，冬は大陸から海洋へ向けて吹く。

■**偏西風**…一年を通して西から吹く風。

ミス注意

■**サバナ**…熱帯の草原。まばらな樹木が生えている。

■**ステップ**…乾燥帯の草原。丈の短い草が生えている。

▲サバナ

▲ステップ
(ともにフォト・オリジナル)

テストでは 世界の気候帯・気候区の分布図はしっかり押(お)さえよう。各気候の雨温図はよく出るので，見分けられるように特徴(とくちょう)を理解しておこう。

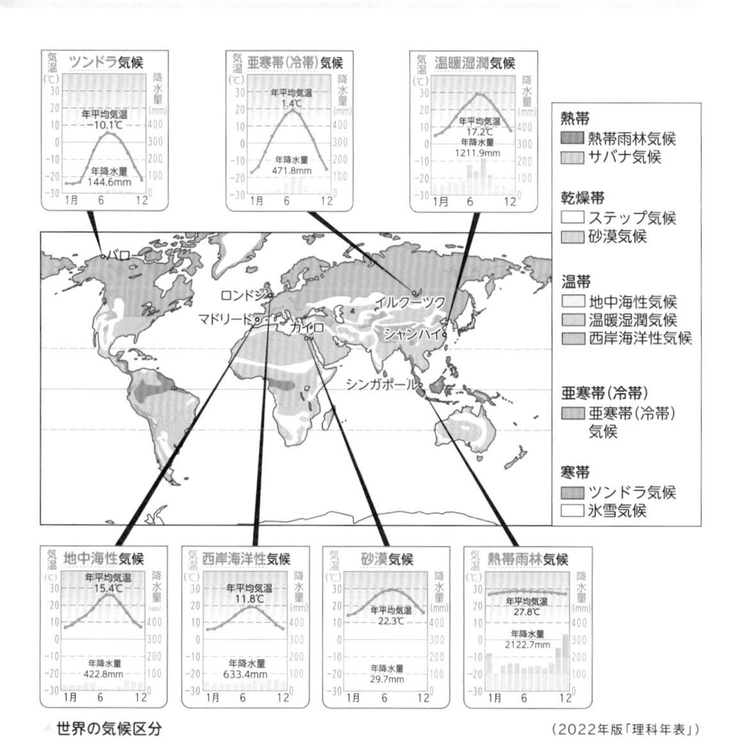

世界の気候区分　（2022年版「理科年表」）

テストの例題チェック

① 一年を通して西から吹く風を何という？　［ 偏西風 ］

② 赤道周辺に分布し，一年中気温が高い気候帯は？　［ 熱帯 ］

③ 亜寒帯（冷帯）に広がる針葉樹の森を何という？　［ タイガ ］

6 さまざまな地域の暮らし

1｜暑い地域の暮らし

(1) **熱帯**…赤道(せきどう)周辺。一年中高温。
└─ 熱帯雨林気候，サバナ気候

(2) **インドネシア**…東南アジア。赤道が通る。

①**自然**…**スコール**という激しい雨が降る。
└─ 短い間，毎日のように降る

②**くらし**…**熱帯林(熱帯雨林)**の葉や幹(みき)を利用した高床(たかゆか)の住居。近年，熱帯林が減少。
熱や湿気がこもるのを防ぐため ─┘

(ピクスタ)
▲高床の住居

2｜寒い地域の暮らし

(1) **寒帯**…北極・南極周辺。雪と氷に覆(おお)われる。
└─ ツンドラ気候，氷雪気候

◎**イヌイット**…あざらしやカリブー（トナカイ)の狩(か)り。冬は**イグルー**に住む。現在，定住化が進み，多くの人が町に住む。
└─ 古くからカナダ北部に住む人々

(2) **亜(あ)寒帯(冷帯)**…北半球にのみ分布。

◎シベリア…**永久凍土(とうど)**の地域。高床の住居。
建物からの熱で永久凍土がとけないようにするため ─┘
針葉樹の森の**タイガ**が広がる。

▲イグルー (Cynet photo)

(ピクスタ)
▲砂漠の中のオアシス

3｜乾燥地域の暮らし

(1) **乾燥帯(かんそうたい)**…中緯度(いど)地域や内陸部。雨が少ない。
└─ 砂漠気候，ステップ気候

(2) **アラビア半島**…西アジア。広い砂漠(さばく)が広がる。

◎農牧業…水が得られる**オアシス**の周辺で，**かんがい**などにより作物を栽培(さいばい)。羊やらくだの**遊牧**も行われてきた。
└─ 農地に人工的に水を引くこと

くわしく

遊 牧

同じ場所に定住せず，草や水を求めて移動しながら羊，らくだ，やぎ，馬などの家畜(かちく)を飼う牧畜。

テストでは 世界各地の多様な暮らしについて，伝統的な生活の様子がよく出る。雨温図を使った世界の気候帯(p.19)とあわせて押さえておこう。

4 | 温暖な地域の暮らし

(1) **温帯**…中緯度地域に広がる。温暖な気候。

(2) **スペイン・イタリア**…**地中海性気候**。

◎暮らし…夏は日ざしが強いため，小さい窓と厚い壁で，暑さを防ぐ。夏の乾燥に強いオリーブやぶどうを栽培。

(ピクスタ)

▲ぶどうとオリーブの畑(イタリア)

5 | 高地の暮らし

(1) **高山気候**…標高が高い地域でみられる。

(2) **アンデス山脈**…標高4000m付近での生活。

①**農牧業**…標高4000m以上で**リャマやアルパカの放牧**。それより低い場所で**じゃがいも**(標高3000m～4000mあたり)や**とうもろこし**(標高2000m～3000mあたり)の栽培。

②**伝統的な生活**…服装は**ポンチョ**，住居は日干しれんがや石の家。

くわしく

標高と気温の関係

標高が100m高くなると，気温は約0.6～0.7°C下がる。

(Cynet photo)

▲リャマ(左)とアルパカ(右)(ペルー)

テストの例題チェック

① 熱帯で毎日のように短時間で激しく降る雨を何という？ [スコール]

② カナダ北部の北極圏に昔から住む人々を何という？ [イヌイット]

③ 砂漠の中で水が得られる場所を何という？ [オアシス]

④ 農地に人工的に水を引くことを何という？ [かんがい]

⑤ 水や草を求めて家畜とともに移動する牧畜を何という？ [遊牧]

⑥ 標高が高い地域にみられる気候を何という？ [高山気候]

7 世界の宗教と衣食住

1 | 世界の宗教

(1) 世界の三大宗教

①**仏教**…シャカが開く。東アジア，東南アジアなどで広く信仰(しんこう)されている。

◎暮らし…教典は経(きょう)。僧侶(そうりょ)が托鉢(たくはつ)。タイでは男性は一生に一度，出家する。

②**キリスト教**…**イエス＝キリスト**が開く。ヨーロッパ，南北アメリカなど。
└─ 紀元前後，現在のパレスチナ地方に生まれる

◎暮らし…教典は「聖書」。日曜日に教会で礼拝(れいはい)を行う。

③**イスラム教**…**ムハンマド**が開く。西アジア，北アフリカ，東南アジアなど。
└─ 6世紀後半，アラビア半島に生まれる

◎暮らし…教典の「**コーラン(クルアーン)**」に基(もと)づく生活。聖地は**メッカ**。

(Cynet photo)
▲托鉢をする僧侶(タイ)

(Alamy/PPS通信社)
▲キリスト教徒の祈り

(Alamy/PPS通信社)
▲イスラム教徒の祈り

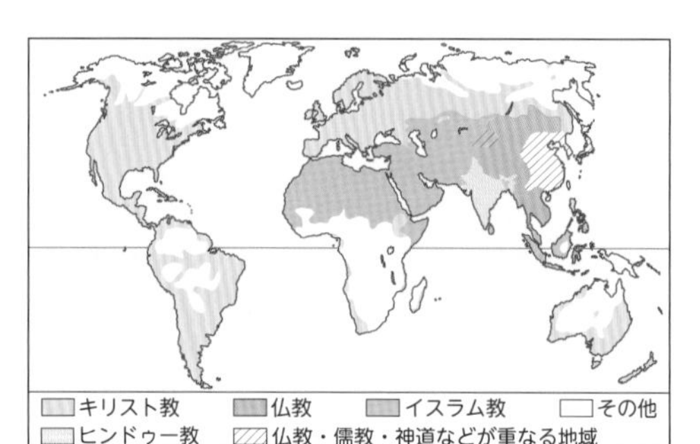

▲世界の主な宗教の分布 （「ディルケ世界地図」ほか）

くわしく

イスラム教の教え

①1日5回，聖地メッカの方角に向かって祈(いの)る。
②豚肉(ぶたにく)を食べない。酒を飲まない。
③1年に約1か月，日中は断食(だんじき)をする。

テストでは イスラム教徒の決まりごとはよく出題される。写真を使った世界各国の衣服・食事・住居の様子を読み取ろう。

(2) **その他の宗教**…特定の地域や民族で信仰。

①**ヒンドゥー教**…**インド**で信仰。

◎暮らし…ガンジス川で沐浴(もくよく)。牛を神聖なものとし，牛肉を食べない。**カースト**と呼(よ)ばれる身分制度⇨**現在は憲法で禁止**。
└── 社会的な差別は残る

②**ユダヤ教**…**ユダヤ人**が信仰。ユダヤ教徒のつくった国がイスラエル。

(Cynet photo)
ヒンドゥー教の沐浴の様子

2 | 世界の衣食住

(1) **世界の衣服**…気候に合った衣服や宗教の教えに基(もと)づいた衣服，民族衣装(いしょう)。チャドル，サリー，チマ・チョゴリなど。
チャドル：イランなどのイスラム教徒の女性が着る
サリー：インドの女性が着る
チマ・チョゴリ：朝鮮半島の女性が着る

(2) **世界の食事**…**米**・**小麦**・**とうもろこし**・いも類を主食とする地域に分類。
小麦：ヨーロッパほか，世界の広い地域で主食

(3) **世界の住居**…森林の多い地域では**木**の家，乾燥(かんそう)地域では**日干しれんが**の家。モンゴルのゲル。現在は，コンクリート製の家が増加。
ゲル：羊毛のフェルトが素材。組み立て式で，移動しやすい

(ピクスタ)
日干しれんがの家

テストの例題チェック

① ヨーロッパや南北アメリカで多く信仰されている宗教は？ [キリスト教]
② 西アジアや北アフリカで多く信仰されている宗教は？ [イスラム教]
③ インドの人々の大部分が信仰している宗教は？ [ヒンドゥー教]
④ パン・パスタ・うどんの原料となる穀物は？ [小麦]

テスト直前 最終チェック！

6大陸と3大洋

緯度と経度

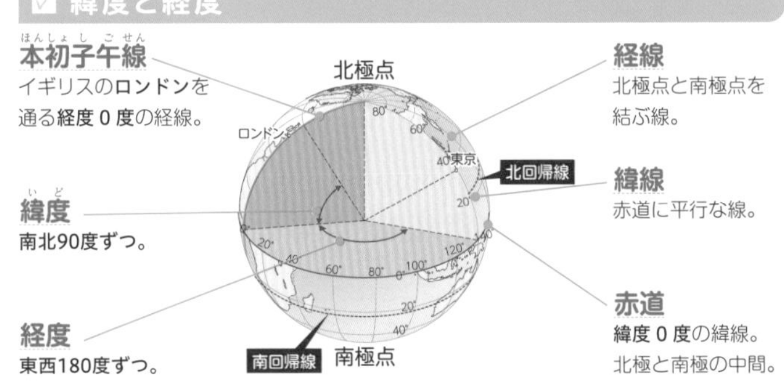

世界と日本の地域区分,さまざまな地域の暮らし

日本の領域

排他的経済水域
海岸線から200海里以内で，領海を除く水域。

北方領土
日本固有の領土だが，現在ロシアが不法占拠。

沖ノ鳥島
南端の島。
護岸工事が行われた。

南鳥島
東端の島。
東の端だが，南鳥島！

ユーラシア大陸
択捉島
北端 北緯45°33′
西端 東経122°56′
東経153°59′
与那国島
北緯20°25′
40°
30°
20°
120° 130° 140° 150°

道県名と道県庁所在地名が異なる都市（一部）

1 北海道 **札幌市**
2 神奈川県 **横浜市**
3 愛知県 **名古屋市**
4 三重県 **津市**
5 滋賀県 **大津市**
6 兵庫県 **神戸市**

似ているので注意

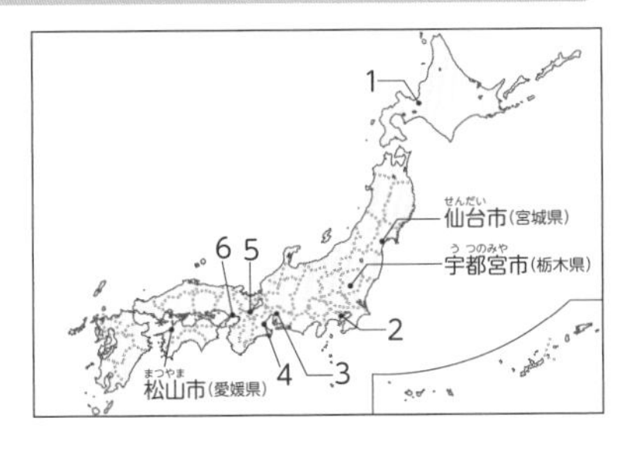

世界の宗教

仏教	シャカが開く。東南アジアや東アジアに信者。
キリスト教	イエスが開く。ヨーロッパや南北アメリカに信者。
イスラム教	ムハンマドが開く。西アジアや北アフリカに信者。
ヒンドゥー教	インドやネパールなどに信者が多い。

8 アジア州の姿

アジア州

多様な民族と文化⇨多民族国家が多い。

サウジアラビア

①国土のほとんどが砂漠。
②国民のほとんどが イスラム 教を信仰。
メッカは最大の聖地。
③ 石油（原油） の産出・埋蔵量は世界有数。

インド

①人口は13億人以上(2020年)。
②国民の多くは， ヒンドゥー 教徒。
③情報通信技術産業(ICT産業)が発達。

ヒマラヤ 山脈

①アルプス・ヒマラヤ造山帯に属する。
②世界一高い山・エベレスト（チョモランマ）がある。

得点アップポイント ヒマラヤ山脈や主な河川の名前と位置は要チェック。中国とインド，東南アジア，西アジアの産業の特色を整理して押さえておこう。

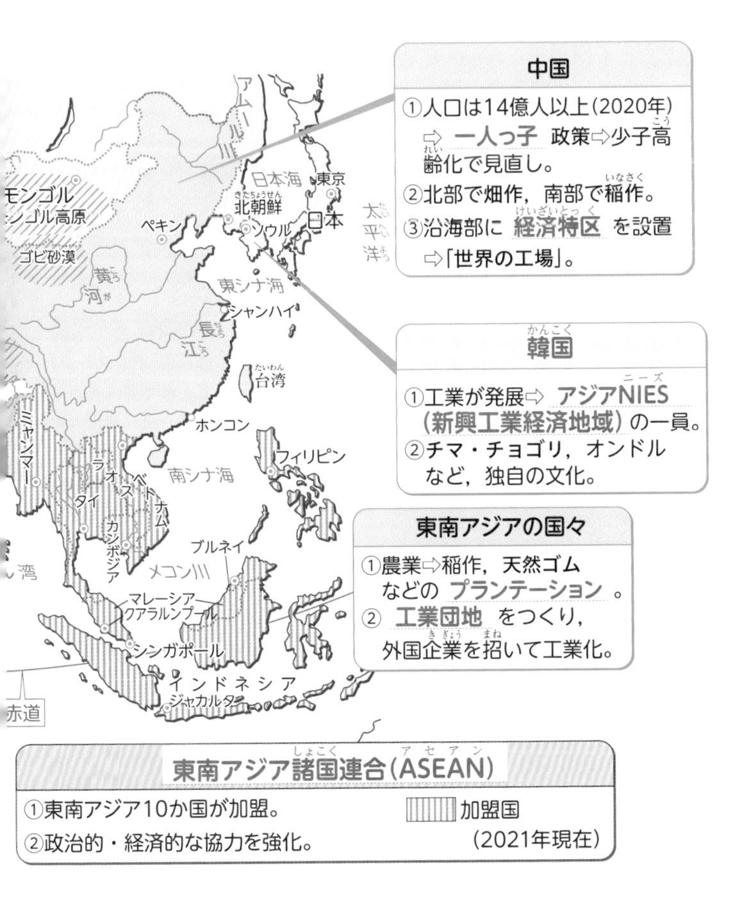

9 アジア州の自然と農業

1 | アジアの自然と気候

出る

(1) アジアの地形

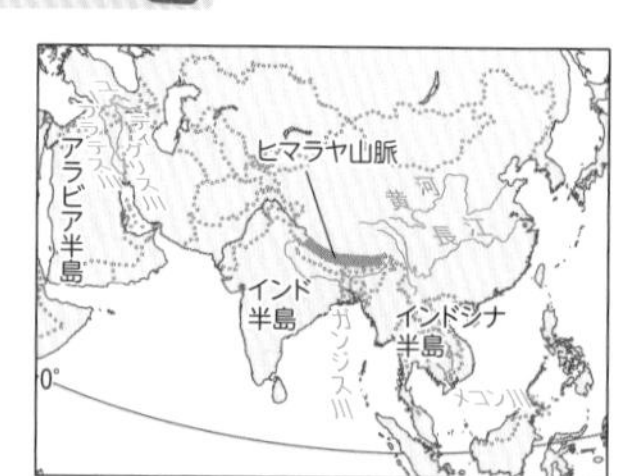

▲アジア州の主な地形

◎山脈…**ヒマラヤ**山脈。（世界一高いエベレスト山）

◎半島…**アラビア**半島，インド半島，インドシナ半島など。

◎河川（かせん）…中国の**長江（ちょうこう／チャンチャン）**・**黄河（こうが／ホワンホー）**，メコン川，インダス川（インダス文明），ガンジス川，ティグリス川（メソポタミア文明）。

(2) アジアの気候

①湿潤（しつじゅん）な地域…東・東南・南アジア。**季節風（モンスーン）**の影響（えいきょう）が強い地域は，雨が多い**雨季**と雨が少ない**乾季（かんき）**に分かれる。

②乾燥（かんそう）した地域…東アジアの内陸部，中央・西アジア⇨砂漠（さばく）やステップが広がる。

③シベリア…亜（あ）寒帯（冷帯）と寒帯。

くわしく

季節風（モンスーン）
夏と冬で風向きが逆になる風。夏は海洋から大陸へ湿（しめ）った風が，冬は大陸から海洋へ向けて乾（かわ）いた風が吹く。

2 | 農業

(1) 稲作（いなさく）…**季節風（モンスーン）**の影響⇨高温多雨の地域でさかん。

◎東アジア…中国南部・日本・韓国（かんこく）。

◎東南アジア…**二期作**。（同じ農地で年に2回同じ作物をつくる）

◎南アジア…インド・バングラデシュ。（ガンジス川中・下流域）

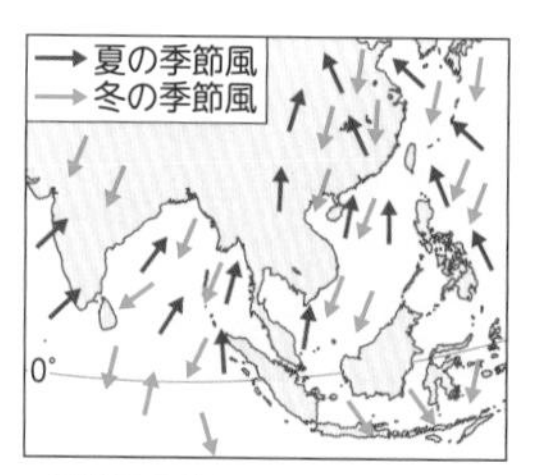

▲季節風の向き

テストでは 季節風(モンスーン)の影響が強い地域の気候・農業の様子は要チェック。プランテーションでつくられる農作物もよく出る。

(2) **プランテーション**…植民地時代に欧米諸国が輸出用作物を大規模に栽培した農園。マレーシアやインドネシアでは天然ゴムから**油やし**への転換が進む。フィリピンでバナナ，ベトナムでコーヒー。
（プランテーション：大農園／油やし：パーム油の原料）

▲プランテーションでの油やしの収穫

(3) **南アジアの農業**…デカン高原で**綿花**，アッサム地方やスリランカで**茶**の栽培がさかん。

(4) **乾燥地帯の農業**…**遊牧**や**オアシス農業**。
（遊牧：やぎ，羊／オアシス農業：小麦・なつめやし）

データファイル
綿花と茶の国別生産量割合

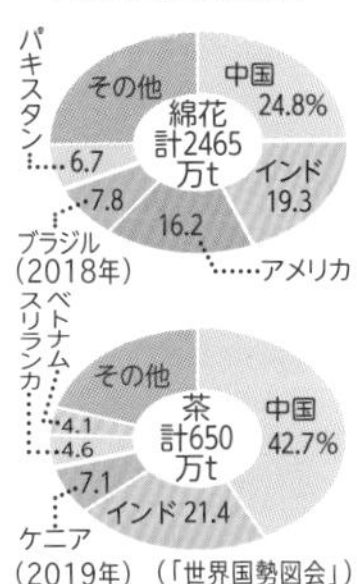

3 | 宗教

(1) **仏教**…東南アジアや東アジアに広がる。
（仏教：インドでうまれる）

(2) **イスラム教**…アラビア半島で生まれ，西アジアや南アジア，東南アジアに広がる。
（南アジア：バングラデシュ，パキスタン／東南アジア：マレーシア，インドネシア）

(3) **キリスト教**…フィリピンで信者が多数。

(4) **ヒンドゥー教**…インドで信者が多数。

テストの例題チェック

① ネパール・インド北東部・中国南西部にそびえる，8000mを超える山々が連なる山脈を何という？ [ヒマラヤ山脈]

② 季節風のことをカタカナで何という？ [モンスーン]

③ ②の影響を受ける地域でさかんな農業は何？ [稲作]

④ 植民地時代に欧米諸国が開いた大農園を何という？ [プランテーション]

⑤ インドのデカン高原で栽培がさかんな農作物は何？ [綿花]

⑥ インドネシアの人々の多数が信仰している宗教は何？ [イスラム教]

10 韓国，中国，南アジアの様子

1｜アジア州の鉱工業

(1) **鉱産資源**…多くの資源を産出。

◎**原油**…西アジアの**ペルシア湾岸**⇨**石油輸出国機構**（**OPEC**）を結成。
日本はサウジアラビア・アラブ首長国連邦などから輸入

◎**天然ガス**…インドネシア，マレーシアなど。

◎レアメタル…中央アジア。

(2) **工業**…中国・インド・東南アジアの国々で工業化が進む。

◎**アジアNIES**（新興工業経済地域）…台湾・韓国・シンガポール・ホンコン。

◎**東南アジア諸国連合**（**ASEAN**）…東南アジアの10か国が加盟。関税をなくす。
労働者を低賃金で雇えるため，日本などの外国企業が進出

2｜韓国の様子

(1) **文化**…**ハングル**の使用。**儒教**の影響が強い。
ハングル：独自の文字　儒教：孔子の教え

(2) **工業化**…1960年代は軽工業，1970年代は重化学工業が発展。1990年代以降は，**先端技術（ハイテク）産業**が発展。

1980年181億ドル
衣類 16.3%　機械類 13.3　せんい品 12.2　鉄鋼 9.1　船舶 6.8　その他

2019年5422億ドル
機械類 40.8%　自動車 11.5　石油製品 7.7　プラスチック 5.3　その他

（「世界国勢図会」ほか）

▲韓国の輸出品の変化

くわしく

石油輸出国機構（OPEC）

石油産出国が自国の石油資源の利益を守るために結成。西アジアの産油国のほか，アフリカや南アメリカの産油国も加盟（2021年現在）。

参考

東南アジアの格差

東南アジアでは，都市部が発展したのに対し，農村部は取り残され，仕事を求めて都市部に人口が移動した。しかし，仕事に就けない人は，粗末な建物が密集するスラムに住んでいることも多い。

▲ハングル　（J.Sフォト）

テストでは ペルシア湾岸に分布する原油がよく出題される。中国・インドなどの産業・社会の様子を押さえておこう。

3 | 中国の様子

出る

(1) **社会**…人口増加を抑える**一人っ子政策**⇨少子高齢化が進み廃止。**漢族(漢民族)**と55の少数民族。
人口の約9割

(2) **農業**…北部で畑作，南部で稲作。

(3) **鉱工業**…豊富な鉱産資源。沿海部に**経済特区**を設置⇨工業化が進み，「**世界の工場**」と呼ばれる。**経済格差**が拡大。
海外企業を受け入れ優遇
工業の発達した沿海部と内陸部の農村

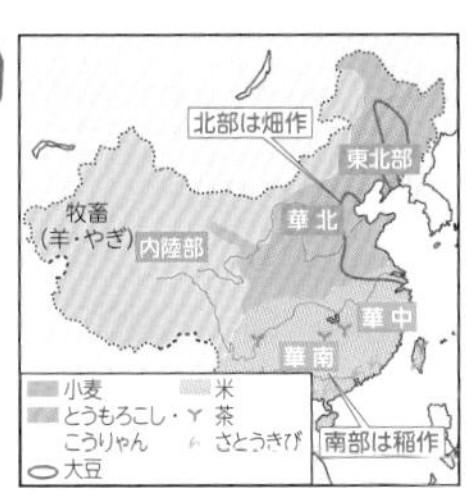

▲中国の農業地域

4 | 南アジアの様子

(1) **インド**…高い出生率で人口が急増。
◎工業…古くから綿工業が発達⇨1990年代以降，情報通信技術産業(**ICT産業**)が発達。
南部の都市のベンガルール（バンガロール）

(2) **バングラデシュ・パキスタン**…低賃金で労働力が豊富⇨工場を移転する外国企業が増加。

参考

ICT産業がさかんな理由

インドでは英語を話す技術者が多く，数学の教育水準も高い。そのため，欧米諸国の企業から，ICT関連の業務を多く請け負っている。

テストの例題チェック

① 西アジアのペルシア湾岸で産出量が多い鉱産資源は？ [原油(石油)]
② 石油輸出国機構のアルファベットの略称は？ [OPEC]
③ 東南アジア諸国連合のアルファベットの略称は？ [ASEAN]
④ 中国が行っていた人口抑制政策を何という？ [一人っ子政策]
⑤ 中国南部沿岸につくられた，外国企業を受け入れる地区は？ [経済特区]
⑥「世界の工場」と呼ばれているアジアの国は？ [中国]

 ヨーロッパ州の姿

ヨーロッパ連合(EU)

①ヨーロッパを政治的・経済的に一つの国のようにする組織。
②共通通貨・ ユーロ を導入。
③加盟国間の 関税（かんぜい） を撤廃（てっぱい）。 ▭ 加盟国 (2021年現在)

※キプロスは,南部のキプロス共和国のみ加盟。

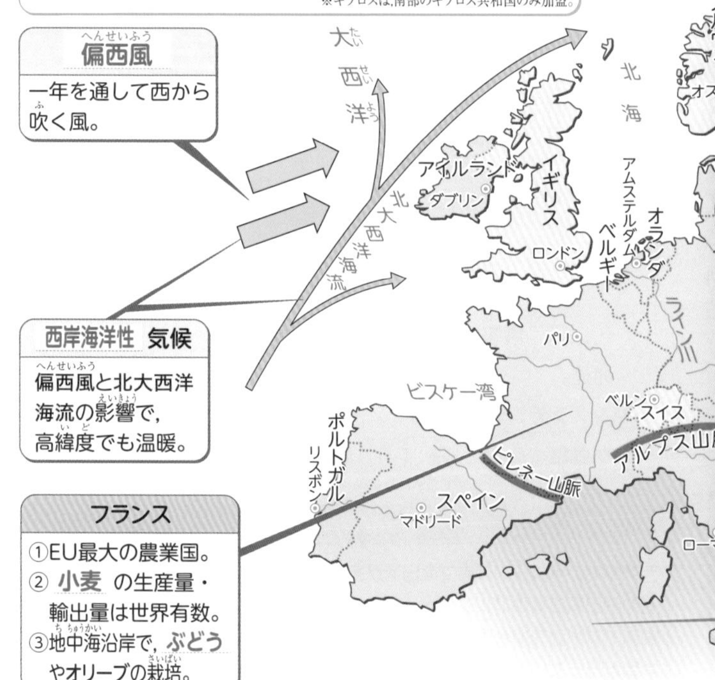

偏西風（へんせいふう）

一年を通して西から吹（ふ）く風。

西岸海洋性 気候

偏西風（へんせいふう）と北大西洋海流の影響（えいきょう）で,高緯度（いど）でも温暖。

フランス

①EU最大の農業国。
② 小麦 の生産量・輸出量は世界有数。
③地中海（ちちゅうかい）沿岸で,ぶどうやオリーブの栽培（さいばい）。

得点アップポイント ユーロの導入や関税の撤廃などのEUの政策はしっかり押さえよう。地中海沿岸でのオリーブやぶどうの栽培についての出題も多い。

12 ヨーロッパ州の自然と課題

1 | 自然と気候

(1) ヨーロッパの地形

◎山脈…**アルプス**山脈。

◎半島…スカンディナビア半島に**フィヨルド**がみられる。
（フィヨルド：氷河に侵食された谷に海水が入ってできた湾）

◎**国際河川**…ライン川，ドナウ川など。
（国際河川：複数の国を流れる川，外国船が自由に航行）

▲ヨーロッパの主な地形

(2) ヨーロッパの気候

①**西岸海洋性気候**…西部は暖流の**北大西洋**海流と**偏西風**の影響⇨日本より高緯度に位置するが比較的温暖。

②**地中海性気候**…地中海沿岸。夏は少雨で乾燥，冬はやや降水量が多い。

③**亜寒帯(冷帯)・寒帯**…東部・北部。北極圏に近い地域で**白夜**。

▲フィヨルド　(Cynet Photo)

くわしく

偏西風

中緯度付近で一年を通して西から東へ吹く風で，大陸西岸の気候に影響を与える。

(3) 言語・宗教

◎北西部…イギリス，ドイツなどで**ゲルマン系言語**，**プロテスタント**。
（ドイツ：カトリックも多い）（プロテスタント：キリスト教の宗派）

◎南部…フランス，イタリアなどで**ラテン系言語**，**カトリック**。
（カトリック：キリスト教の宗派）

◎東部…東ヨーロッパで**スラブ系言語**，**正教会**。
（正教会：キリスト教の宗派）

テストでは 偏西風と北大西洋海流の影響を受けた西岸海洋性気候に関する記述問題が多い。EUの歩み，政策，課題も要チェック。

2 ヨーロッパの統合

(1) **歩み**…1967年に母体となる**ヨーロッパ共同体(EC)**が発足。1993年，**ヨーロッパ連合(EU)**に発展。2020年，**イギリス**が離脱⇨加盟国数は27か国(2021年現在)。

(2) **目的**…アメリカなどの大国に対抗し，国の枠組みを越えて結びつきを強化するため。

(3) **政策**…人・もの・お金の移動を自由に。（労働力・観光客，商品・サービス，資本）

◎共通通貨**ユーロ**の導入。**関税**（輸入品にかかる税金）を撤廃。国境を越える際にパスポートが不要。

(4) **課題**

◎**経済格差**…西ヨーロッパの加盟国と東ヨーロッパの加盟国との間の格差。

◎移民や難民の増加…賃金の高い国で**外国人労働者**が増加。アジアやアフリカからの流入⇨負担増。

データファイル

EUの規模

人口(億人) EU／アメリカ／日本 0 1 2 3 4 5

輸出額(百億ドル) EU／アメリカ／日本 0 100 200 300 400 500 600

GDP(国内総生産)(兆ドル) EU／アメリカ／日本 0 5 10 15 20 22

※EUはイギリスを除く27か国。
(2019年)(「世界国勢図会」)

データファイル

EU内の経済格差

国	1人あたりGDP(国内総生産)
ドイツ	46232ドル
フランス	40319ドル
ルーマニア	12914ドル
ブルガリア	9703ドル

(2019年)(「世界国勢図会」)

テストの例題チェック

① スカンディナビア半島の沿岸にみられる奥行きのある湾は？ [フィヨルド]

② ヨーロッパ西部に吹く西よりの風を何という？ [偏西風]

③ ドイツ人の多くが話すのは何系の言語？ [ゲルマン系(言語)]

④ ヨーロッパ連合のアルファベットの略称は？ [EU]

⑤ ヨーロッパ連合の多くの国で導入されている共通通貨は？ [ユーロ]

13 ヨーロッパ州の農業，工業

1 | 農業

(1) **混合農業**… 食用作物・飼料作物の栽培（さいばい）と家畜（かちく）の飼育を組み合わせた農業。フランスのパリ盆地（ぼんち）など。現在はどちらかを行う農家が多い。
　└── 小麦・ライ麦・じゃがいもなど
　└── 豚（ぶた）・肉牛など

(2) **酪農（らくのう）**… 乳牛を飼育して，牛乳，バター，チーズなどの乳製品を生産する農業。デンマークやスイスなどの夏の気温が低い地域。

(3) **園芸農業**… オランダで野菜や花などを栽培。

(4) **地中海式農業（ちちゅうかいしきのうぎょう）**… 夏はぶどうやオリーブ，冬は小麦を栽培⇨**ワイン**の生産，パスタやピザ。
　└── 地中海沿岸地域で行われる

データファイル

ぶどうとワインの国別生産量割合

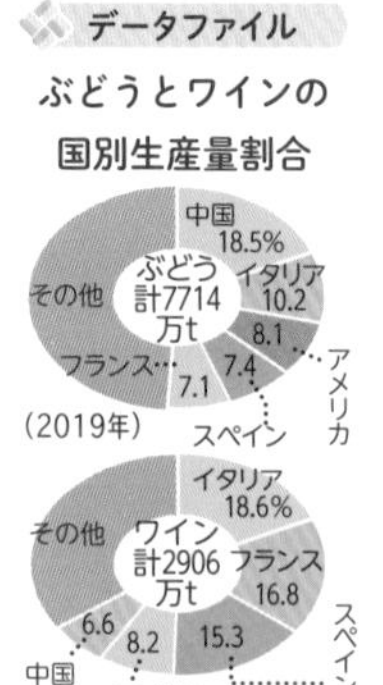

2 | 工業

(1) 工業… 産業革命⇨近代工業が発展。近年は先端（せんたん）技術(ハイテク)産業が成長。
　└── 18世紀後半～

◎ **ルール工業地域**… ライン川流域。鉄鋼業から発達。
　└── ドイツ

◎ **航空機**の共同開発・生産… 各国の技術協力で分業。

◎ **外国人労働者**… 賃金の高い西ヨーロッパの国で増加。工場は東ヨーロッパに移転。

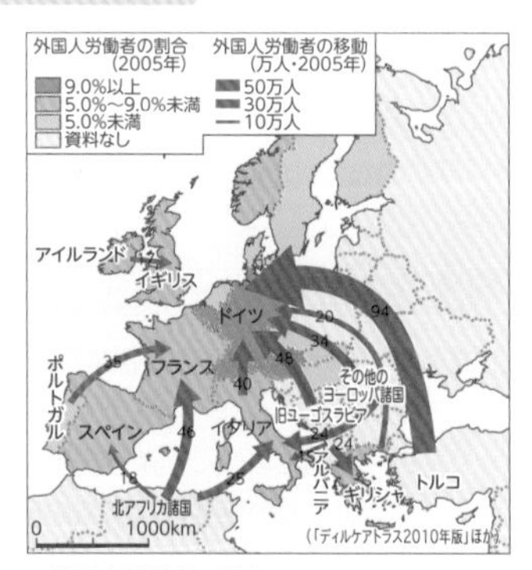

▲外国人労働者の動き

テストでは 地中海式農業の問題がよく出る。ヨーロッパの先進的な環境対策は要チェック。ロシアの地理をここで押さえておこう。

3 | 環境問題への取り組み

(1) **環境問題**…大気汚染による**酸性雨**やライン川の水質汚濁の被害が深刻。
森林が枯れたり，銅像がとけたりする（酸性雨）

(2) **環境対策**…**持続可能な社会**を目指す。

◎大気汚染対策…**パークアンドライド**で自動車の使用を制限。環境税の導入。
ガソリンや石油に課税，消費削減（環境税）

◎ごみを減らす取り組み…ごみを厳しく分別し，**リサイクル**を徹底。

◎**再生可能エネルギー**…太陽光，風力など。

データファイル
総発電量に占める再生可能エネルギーによる発電の割合

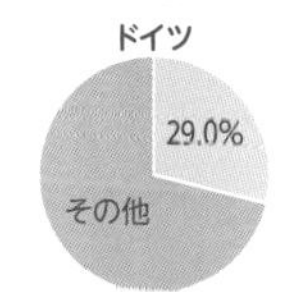

(2015年)（IEA 資料ほか）

4 | ロシア連邦

(1) **気候**…大部分が亜寒帯（冷帯）・寒帯。シベリアには**針葉樹の森（タイガ）**が広がる。

(2) **鉱工業**…原油や天然ガスが豊富⇨**パイプライン**でEU各国に輸出。経済発展し，BRICSの一つに。
ブラジル，ロシア，インド，中国，南アフリカ共和国（BRICS）

▲タイガ　（ピクスタ）

テストの例題チェック

① 食用・飼料作物の栽培と家畜の飼育を組み合わせた農業は？ ［ 混合農業 ］
② 地中海沿岸で栽培がさかんなワインの原料となる農作物は？ ［ ぶどう ］
③ ドイツのライン川流域に発達した工業地域は？ ［ ルール工業地域 ］
④ 硫黄酸化物や窒素酸化物が原因で降る，森林を枯らす雨は？ ［ 酸性雨 ］
⑤ 開発と環境保全が両立している社会を何という？ ［ 持続可能な社会 ］
⑥ 原油や天然ガスなどを輸送する管を何という？ ［ パイプライン ］

14 アフリカ州，北アメリカ州の姿

アフリカ州

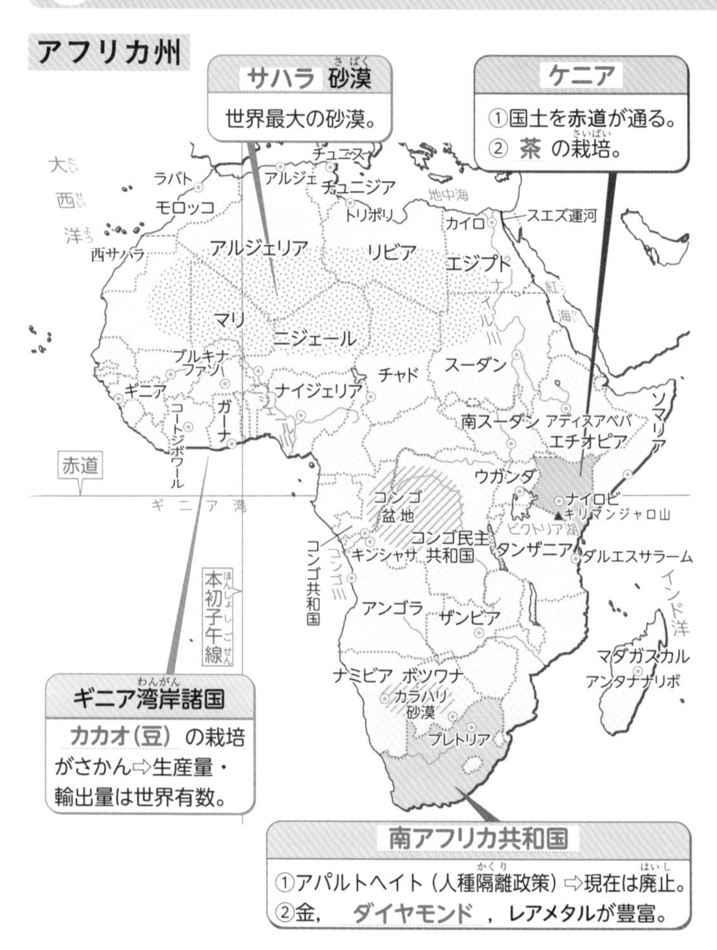

得点アップポイント アフリカ州は，農作物の生産地や鉱産資源の産出地を地図で確認しておこう。北アメリカ州は，各地域の農業・工業の特色を要チェック。

北アメリカ州

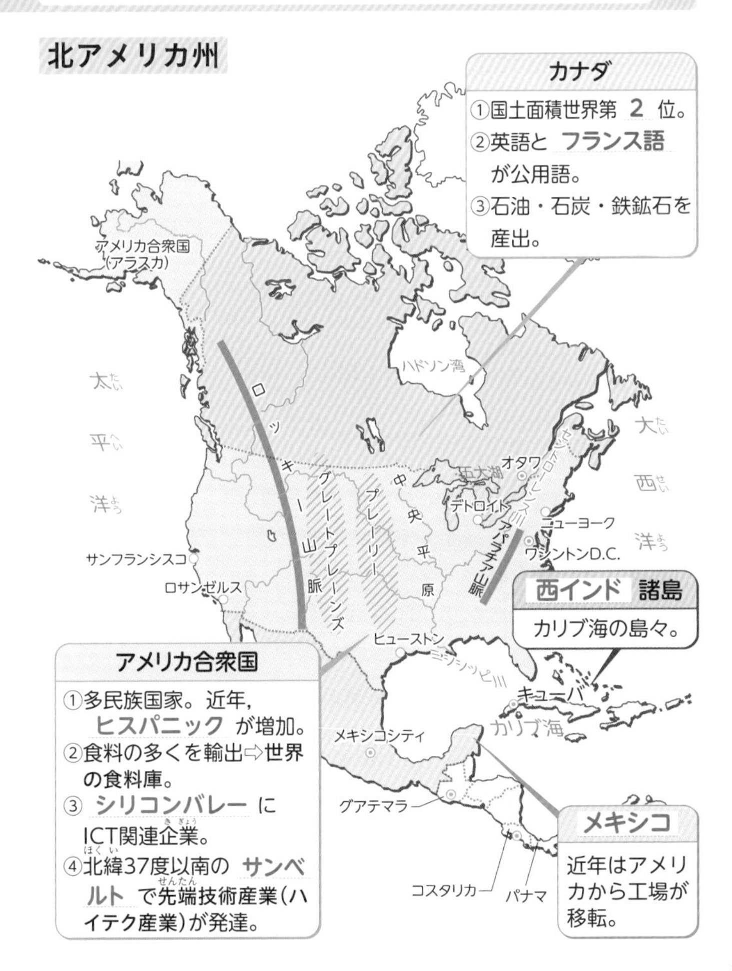

15 アフリカ州の自然と産業

1 | 自然と気候

(1) **アフリカの地形**…高原や台地が多い。
◎河川…世界最長の**ナイル**川。
◎砂漠(さばく)…世界最大の**サハラ**砂漠。

(2) **アフリカの気候**…赤道周辺は**熱帯**で，赤道近くに熱帯林，その南北に**サバナ**が広がる。（低い木がまばらに生える草原）さらに赤道から離(はな)れると乾燥(かんそう)帯，温帯が分布。

くわしく

アフリカの気候帯

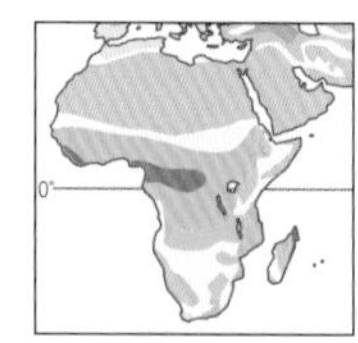

熱帯：熱帯雨林気候／サバナ気候
乾燥帯：ステップ気候／砂漠気候
温帯：地中海性気候／温暖湿潤気候／西岸海洋性気候

2 | 歩みと文化

(1) **16世紀以降**…ヨーロッパ人によって多くの人が**奴隷**(どれい)として南北アメリカ大陸に送られた。（農園の労働力に）

(2) **20世紀前半**…ほとんどの地域がヨーロッパの**植民地**。独立国はリベリアとエチオピア。

(3) **第二次世界大戦後**…多くの国が独立。とくに17か国が独立した1960年は「**アフリカの年**」と呼ばれる。

(4) **言語**…アラビア語（北アフリカ），英語，フランス語など。

(5) **民族**…一つの国に多民族⇨紛争が発生。（植民地時代に民族のまとまりを無視して境界を設定）

くわしく

アフリカの公用語

アフリカでは，植民地支配をしていた国の言語を公用語としている国が多い。

3 | 農業・鉱業

出る

(1) **プランテーション**農業…輸出用農作物を栽培(さいばい)。（植民地時代にヨーロッパ人が開いた大農園）
◎**ギニア湾岸**(わんがん)（コートジボワール，ガーナ）…**カカオ(豆)**（チョコレートの原料）の世界的な産地。
◎東部…ケニアで**茶**，エチオピアで**コーヒー**の栽培。

(Cynet photo)
▲カカオの収穫(しゅうかく)

農業の特色はとくによく出る。アフリカ州の国々の輸出品のグラフからモノカルチャー経済の様子を読み取る問題も重要。

(2) **伝統的な農牧業**…狩(か)り・**焼畑(やきはた)農業**・牧畜(ぼくちく)。
森林や草原を焼いて，その灰を肥料として使用
乾燥帯では，やぎや羊の遊牧。

(3) **鉱業**…北アフリカや**ナイジェリア**で**原油**。南アフリカ共和国で**金**。ボツワナで**ダイヤモンド**。**レアメタル(希少金属)**も産出。
かつてはアパルトヘイトという人種隔離政策

くわしく

レアメタル

埋蔵(まいぞう)量が少ないか，取り出すことが難しい貴重な金属。ニッケル，コバルトなど。スマートフォンなどの最新の電子機器に使われる。

4 | アフリカの課題

(1) **課題**…都市化で**スラム**の形成，人口増加で食料不足，貧困(ひんこん)など。

◎ **モノカルチャー経済**…特定の農作物・鉱産資源の輸出に依存(いそん)する国が多い。

(2) **環境(かんきょう)問題**…**サヘル**での**砂漠化**，熱帯林の減少。
サハラ砂漠の南に接する地域

(3) **アフリカ連合(AU)**…結びつきを強化。
EUをモデルに結成

コートジボワール (2019年)

カカオ豆	石油製品	野菜・果実	金(非貨幣(かへい)用)	その他
28.1%	8.8	8.1	8.5	

ナイジェリア (2018年)

原油	液化天然ガス	船舶(せんぱく)	その他
82.3%	9.9	2.4	

(「世界国勢図会」)

▲アフリカの主な国の輸出品割合

テストの例題チェック

① アフリカ北部に広がる世界最大の砂漠は？ [サハラ砂漠]

② ギニア湾岸諸国で栽培がさかんな農作物は？ [カカオ(豆)]

③ ニッケルやコバルトなど，埋蔵量が少ないか，取り出すことが難しい金属をカタカナで何という？ [レアメタル]

④ 特定の農作物や鉱産資源の輸出に依存する経済を何という？ [モノカルチャー経済]

⑤ アフリカの55の国と地域が加盟(かめい)する政治的・経済的な結びつきを強めるための組織を何という？ [アフリカ連合(AU)]

テスト直前 最終チェック！

アジア州の特色

西アジアや中央アジアには**イスラム教**を信仰する人が多い。

（Alamy/PPS通信社）

夏と冬で吹く向きが逆の**季節風（モンスーン）**。

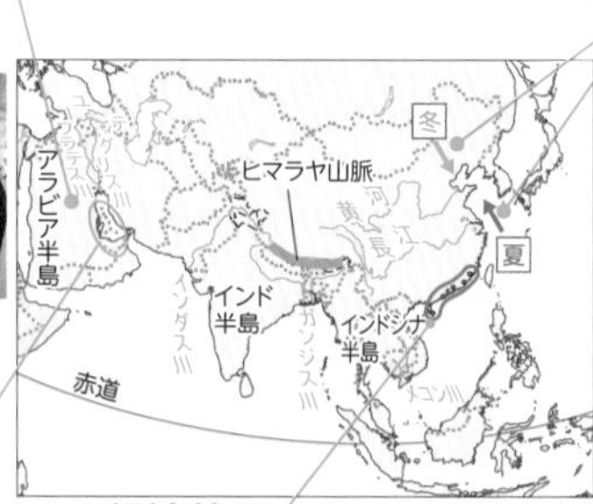

ペルシア湾岸で**原油（石油）**が多く産出する。

経済特区
外国企業を受け入れ，資本や技術を導入。

東南アジア諸国連合（ASEAN）
東南アジアの国々の政治的・経済的な結びつきを強める。

アジア州の重要語句

一人っ子政策	中国で2015年までとられていた，一組の夫婦に一人の子どもしか認めない人口抑制政策。
プランテーション	東南アジアなどで植民地時代に開かれた大規模な農園。
石油輸出国機構（OPEC）	産油国の利益を守るために結成された国際組織。

アジア州〜アフリカ州

ヨーロッパ州の特色

フィヨルド
氷河によって削られてできた細長い湾。

(Cynet Photo)

一年を通して西から東へ吹く**偏西風**。

東部では主に**スラブ**系の言語が話されている。

ヨーロッパ諸国は**ヨーロッパ連合(EU)**を結成し，政治的・経済的統合をいっそう強めた。

アフリカ州の特色

55の国と地域が加盟する**AU(アフリカ連合)**を結成している。

ギニア湾岸の国々で**カカオ(豆)**の栽培がさかん。

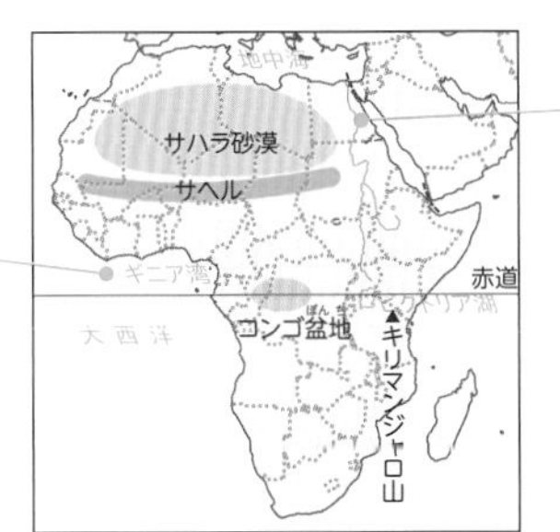

ナイル川
世界一長い川。

(Cynet Photo)

特定の農産物や鉱産資源の輸出に頼る**モノカルチャー経済**の国が多い。

16 北アメリカ州の自然と農業

1 自然と気候

(1)北アメリカの地形

◎山脈…西部に**ロッキー山脈**，東部に**アパラチア山脈**が連なる。
高くて険(けわ)しい　低くてなだらか

◎河川・湖…**ミシシッピ川**，**五大湖**。
スペリオル湖やエリー湖など

◎島…カリブ海に**西インド諸島**。
キューバ島など

◎平地…中央部に**グレートプレーンズ**と**プレーリー**の平原が広がる。

くわしく

■プレーリー…温帯の大草原。肥えた土が分布し，穀倉地帯となっている。

■グレートプレーンズ…乾燥した高原状の大平原。

(2)北アメリカの気候

北アメリカの気候…北部は亜(あ)寒帯(冷帯)と寒帯。南部は熱帯で，**ハリケーン**の被害(ひがい)。
カリブ海やメキシコ湾で発生する熱帯低気圧

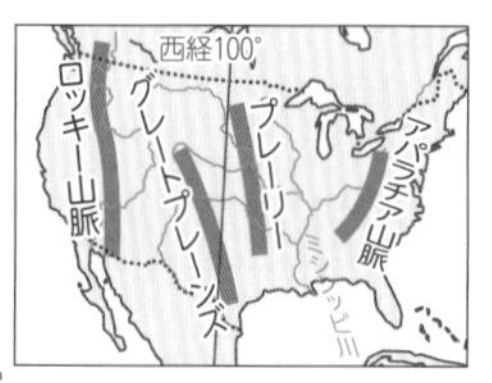

◎アメリカ西部…乾燥(かんそう)帯で降水量が少ない。太平洋岸沿いは**地中海(ちちゅうかい)性気候**。
西経100度より西側　カリフォルニア州など

◎アメリカ東部…温帯で降水量が多い。
西経100度より東側

2 アメリカ合衆国の民族

(1)**先住民**…**ネイティブアメリカン**が住んでいた。**ヨーロッパからの移民**が先住民の土地を奪(うば)い，開拓(かいたく)。
アメリカインディアンやエスキモー

(2)**アフリカ大陸からの奴隷(どれい)**…16世紀以降，労働力として連れてこられる。

(3)**ヒスパニック**…メキシコなどからアメリカへ移住した，**スペイン語を話す人々**。近年増加。

データファイル

アメリカ合衆国の人口構成

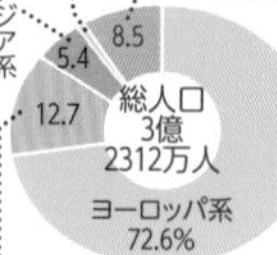

※総人口のうち，17.8%がヒスパニック
(2016年)
(U.S. Census Bureauほか)

テストでは ロッキー山脈からアパラチア山脈にかけての断面図がよく出る。主な農作物の生産量・輸出量のグラフは要チェック。

3 | 農業

(1)アメリカ合衆国の農業の特色

①**企業的**(きぎょう)**な農業**…農場主が労働者を雇(やと)い，広い農地を大型機械で耕す。

②**「世界の食料庫」**…小麦，とうもろこし，大豆などを生産⇨**穀物メジャー**が世界各地へ輸出。
（穀物メジャー：穀物を取り扱う巨大企業）

データファイル

とうもろこしの国別輸出量割合

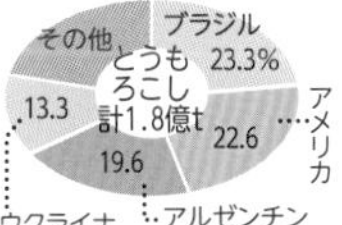

(2019年)(「世界国勢図会」)

(2)アメリカ合衆国の農業地帯…適地適作。
（適地適作：地域の気候や土壌などに合わせた農作物の栽培）

◎北部…**五大湖周辺**で**酪農**。（酪農：大都市へ乳製品を出荷）

◎中部…**プレーリー**を中心に**小麦**。

◎南東部…かつては**綿花**の栽培(さいばい)がさかん。現在は大豆やとうもろこしの栽培が増加。（かつては奴隷を使って栽培）

◎西部の平原…肉牛・羊の放牧。

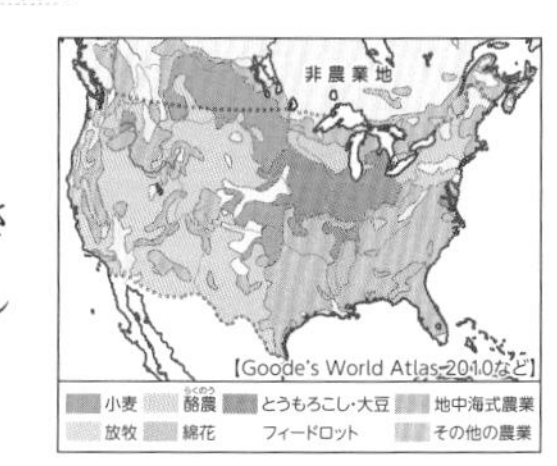

▲北アメリカの農業地域

テストの例題チェック

① アメリカ中央部を流れ，メキシコ湾(わん)に注ぐ川は？ [ミシシッピ川]

② 北アメリカ大陸の西部にそびえる高くて険しい山脈は？ [ロッキー山脈]

③ メキシコ湾やカリブ海で発生する熱帯低気圧を何という？ [ハリケーン]

④ 近年アメリカ合衆国で増えている，スペイン語を話す，メキシコや中央アメリカなどからの移民を何という？ [ヒスパニック]

⑤ 労働者を雇い，広い農地を大型機械で耕す農業を何という？ [企業的な農業]

⑥ 地域の気候や土壌(どじょう)などに合わせた農作物をつくる農業は？ [適地適作]

⑦ 五大湖周辺でさかんな，乳製品をつくる農業を何という？ [酪農]

17 北アメリカ州の工業と生活

1 | 工業

出る

▲アメリカの工業の様子

(1)アメリカ合衆国の工業の発展

①**19世紀後半**…五大湖(ごだいこ)周辺の石炭や鉄鉱石をいかし，**ピッツバーグ**で鉄鋼業が発達。

②**20世紀初め**…**デトロイト**で自動車工業が発達⇨流れ作業による**大量生産方式**で生産。

(2)アメリカ合衆国の工業の変化…日本やドイツなどとの競争で遅(おく)れ，鉄鋼業や自動車工業が衰退(すいたい)⇨先端(せんたん)技術(ハイテク)産業への転換(てんかん)が進む。

◎**サンベルト**…北緯(ほくい)37度より南の地域。1970年代以降，工業の中心地に。ロサンゼルスなどで**航空宇宙産業**。

◎**シリコンバレー**…サンフランシスコ近郊(きんこう)。情報通信技術(ICT)関連の企業(きぎょう)が集中。

(Alamy/PPS通信社)
▲航空機の組み立て工場(アメリカ合衆国)

くわしく

先端技術(ハイテク)産業
その時代の最も新しい高度な技術を利用して工業製品を生産する産業。航空宇宙産業，エレクトロニクス産業，バイオテクノロジーなど。

くわしく

サンベルトが発達した理由
温暖な気候，広大な土地，豊富な資源，人件費の安い労働力などがある。

テストでは アメリカの工業がさかんな地域と主な都市はしっかり押さえよう。サンベルトについての問題はよく出る。

2 | 世界との結びつき

(1) **USMCA（米国・メキシコ・カナダ協定）**

└── NAFTA（北米自由貿易協定）に代わり，2020年に発効

…アメリカ，カナダ，メキシコで結ぶ。

(2) **多国籍企業**…多くの国に生産や販売の拠点をもつ企業。世界中に広まる。

データファイル

主な国の100人あたりの自動車保有台数

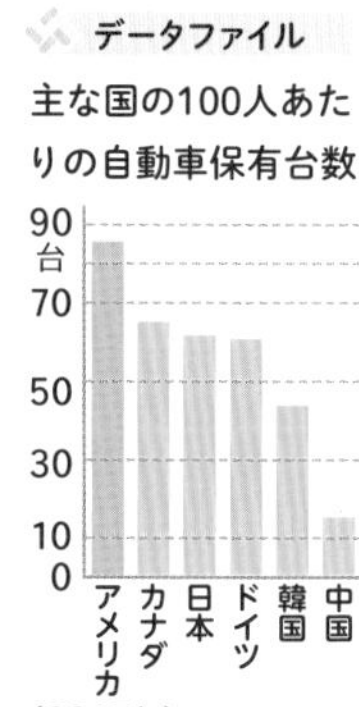

(2017年)
(世界自動車統計年報2019ほか)

3 | アメリカ合衆国の生活様式

(1) **車社会**…自動車が日常生活に不可欠⇨郊外の**ショッピングセンター**には広大な駐車場があり，自動車で来てまとめ買いをする。

(2) **大量生産・大量消費の生産様式**…新しい製品を大量に生産，大量に消費⇨コンビニエンスストア，ファストフード店など。

(3) **課題への対策**…再生可能エネルギーの利用やリサイクルの取り組みを進める。

（Alamy／PPS通信社）

▲ショッピングセンターの駐車場（アメリカ）

テストの例題チェック

① アメリカで始まった，流れ作業による自動車の生産方式は？ [大量生産方式]

② 北緯37度以南のアメリカの工業地域を何という？ [サンベルト]

③ サンフランシスコ近郊のICT産業が発達した地域は？ [シリコンバレー]

④ ロサンゼルスなどでさかんな工業は？ [航空宇宙産業]

⑤ 多くの国に生産や販売の拠点をもつ企業を何という？ [多国籍企業]

18 南アメリカ州，オセアニア州の姿

南アメリカ州

アンデス 山脈

①世界一長い山脈。クスコなどの高山都市がある。
② インカ 帝国で高度な文明が栄えた。

得点アップポイント 南アメリカ州は，ブラジルの工業化と経済成長がよく出題される。オセアニア州は，オーストラリアの農業地域，鉱産資源の産出地を要チェック。

オセアニア州

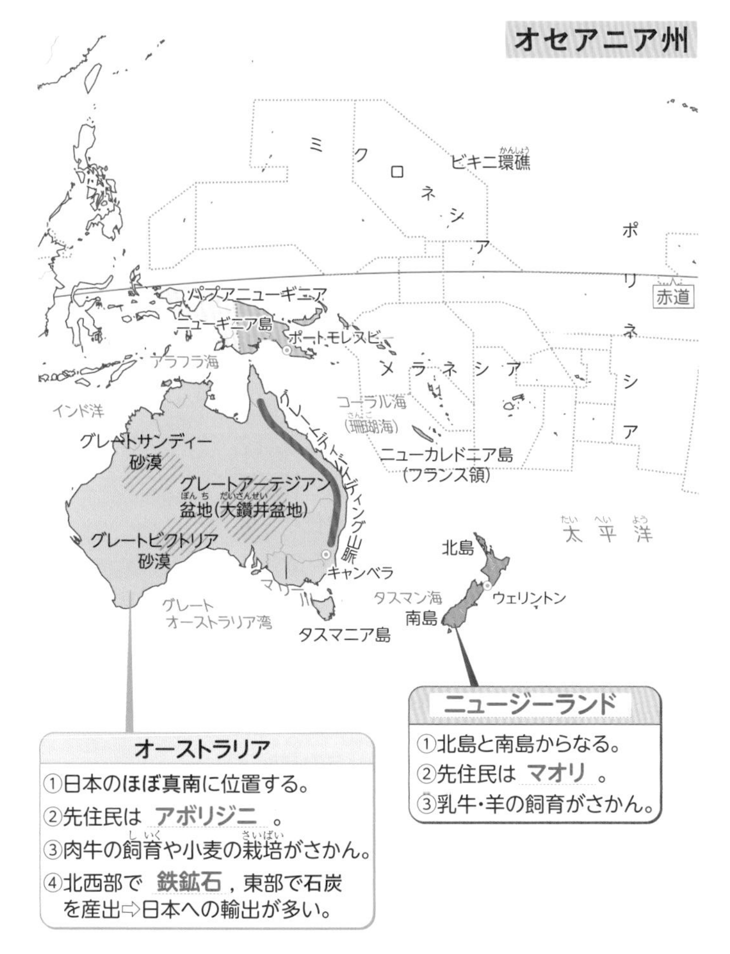

ニュージーランド

①北島と南島からなる。
②先住民は マオリ 。
③乳牛・羊の飼育がさかん。

オーストラリア

①日本のほぼ真南に位置する。
②先住民は アボリジニ 。
③肉牛の飼育や小麦の栽培がさかん。
④北西部で 鉄鉱石，東部で石炭を産出⇨日本への輸出が多い。

19 南アメリカ州の自然と産業

1 | 自然と気候

(1) 南アメリカの地形

◎山脈…太平洋側に**アンデス**山脈。

◎河川…赤道付近に**アマゾン川**。
└─ 流域面積は世界一

(2) 南アメリカの気候と植生

◎北部…熱帯。**熱帯林(熱帯雨林)**が広がる。

◎南部…温帯と乾燥帯。ラプラタ川流域に**パンパ**という大草原が広がる。

◎標高の高い地域…**高山**気候。
└─ 赤道付近でも比較的涼しい気候

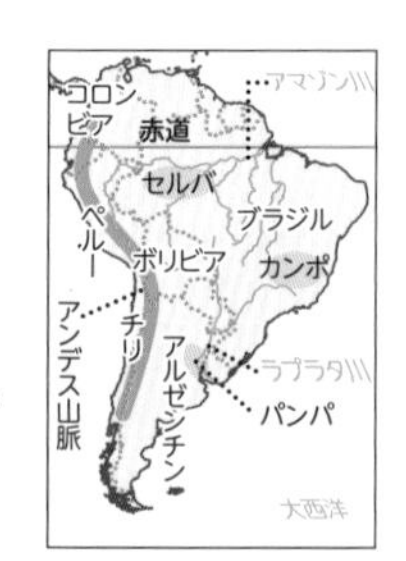

▲南アメリカの主な地形

2 | あゆみ

(1) **歴史**…**ポルトガル**，**スペイン**などの植民地。
└─ ブラジルを植民地支配

(2) **人種・民族**…古くから**先住民**が住む。**メスチーソ**，日本からの移民とその子孫も多い。
└─ 先住民と白人との混血

3 | 農業・工業

(1) 農業

◎ブラジル…大農園で**コーヒー豆**の栽培，近年は，**さとうきび**や**大豆**など**多角化**。
ほかに鶏肉や牛肉など ─┘

◎アルゼンチン…**パンパ**で**小麦**の栽培や肉牛の放牧。

◎アンデス山中…じゃがいも，牧畜。
リャマ，アルパカ ─┘

データファイル

コーヒー豆とさとうきびの国別生産量割合

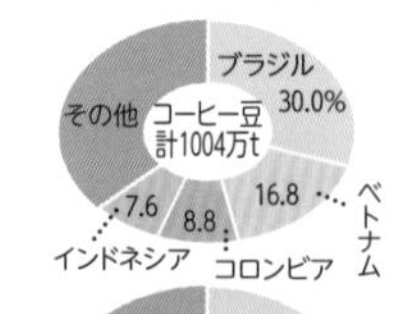

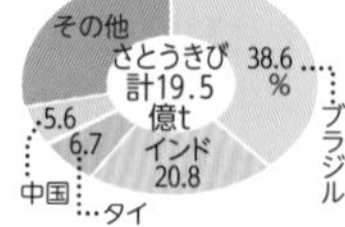

(2019年)（「世界国勢図会」）

テストでは アンデス山脈・アマゾン川，赤道が通る位置は要チェック。ブラジルの輸出品の変化からモノカルチャー経済から工業化を果たしたことを読み取ろう。

(2) **ブラジルの工業化と経済発展**…かつては**コーヒー豆**や**鉄鉱石**などの輸出に依存(いそん)⇨工業化が進み，めざましい経済成長をとげる。鉄鋼業，自動車工業，航空機産業。
（工業化：外国企業の誘致，水力発電所の整備など）

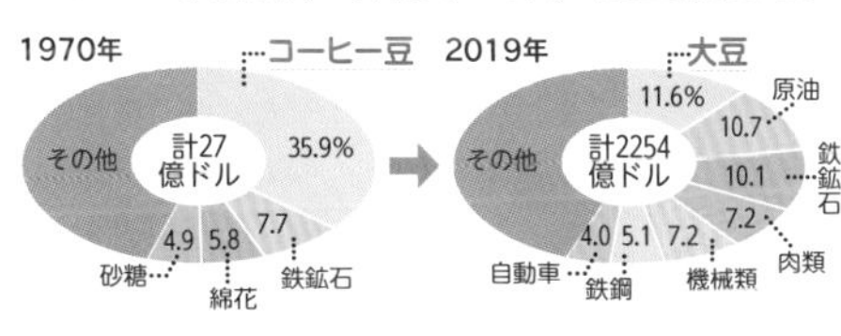

▲ブラジルの輸出品の変化　（「世界国勢図会」ほか）

参考

南アメリカ州の鉱産資源

■**石油**…ベネズエラ，エクアドル

■**鉄鉱石**…ブラジル

■**銅**…チリ，ペルー

4 | 開発と環境問題

(1) **アマゾン川流域の開発**…昔ながらの**焼畑(やきはた)農業**は森林を守る。道路や鉄道の建設で**熱帯林の伐採(ばっさい)**⇨**地球温暖化**の進行。跡地(あとち)で大豆の栽培，肉牛の飼育。
（焼畑農業：森林を焼き，その灰を肥料とする）
（道路や鉄道の建設：アマゾン横断道路）

(2) **持続可能な開発**…**バイオ燃料**の使用など。
（持続可能な開発：環境保全と調和する開発）

くわしく

バイオ燃料

とうもろこしや，さとうきびを原料とする燃料で，**バイオエタノール**ともいう。二酸化炭素を吸収する植物を原料とするため，燃やしても大気中の二酸化炭素が増えないとされる。

テストの例題チェック

① 南アメリカ大陸の西側を南北に走る山脈は？　[アンデス山脈]

② ブラジル以外のほとんどの南アメリカ州の国を植民地としていた国は？　[スペイン]

③ 小麦の栽培や牛の放牧がさかんな，ラプラタ川流域の大草原は？　[パンパ]

④ 流域で道路建設などの地域開発が進む河川は？　[アマゾン川]

⑤ 植物を原料としてつくられる燃料を何という？　[バイオ燃料]（バイオエタノール）

20 オセアニア州の自然と産業

1 | 自然と気候

(1) オセアニアの地形

①構成…オーストラリア大陸と太平洋(たいへいよう)の島々。
メラネシア・ミクロネシア・ポリネシア

②地形…オーストラリア大陸の大部分は草原や**砂漠**(さばく)。火山島や**サンゴ礁**(しょう)の島。

(2) オセアニアの気候

◎オーストラリア…大部分は**乾燥帯**(かんそう)。

◎太平洋の島々…熱帯⇨年中高温多雨。地球温暖化に伴(ともな)う海面上昇(じょうしょう)で水没(すいぼつ)の危機。
ツバルなど

くわしく

白豪主義

オーストラリアで20世紀初めから1970年代までとられていた，白人が有色人種の移住を制限した政策。「豪」はオーストラリアの漢字表記。

データファイル

羊毛の国別生産量割合

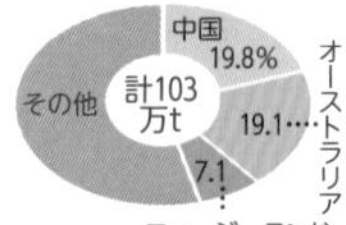

(2019年)(「世界国勢図会」)

2 | 歩み

出る

(1) 先住民…**アボリジニ**・**マオリ**。
オーストラリア　ニュージーランド

(2) 歴史…**イギリス**などの植民地。オーストラリアで**白豪主義**(はくごう)という政策⇨1970年代に廃止(はいし)。

(3) **多文化社会**…オーストラリアは白豪主義の廃止で，アジア系移民が増加⇨互(たが)いの文化を尊重。

3 | 産業

(1) **農業の特色**…オーストラリアとニュージーランドで**羊**の放牧⇨羊毛の生産量は世界有数。

(「ジャカランダ地図帳」ほか)

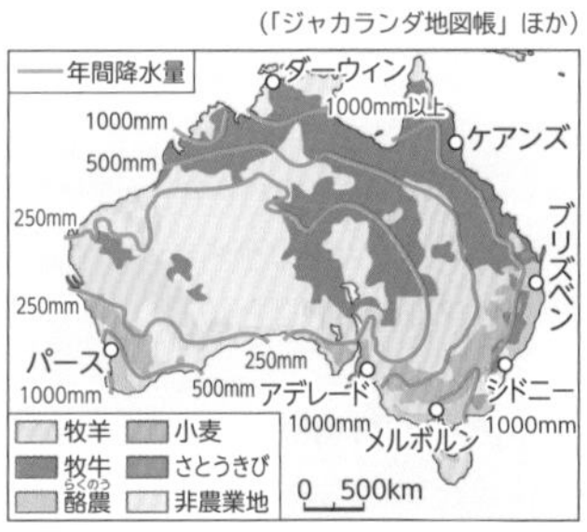

▲オーストラリアの年間降水量と農業地域

テストでは オーストラリアの石炭と鉄鉱石の産出地は，間違え(まちが)やすいので注意。イギリスからアジアへの結びつきの変化をチェック。

(2) **オーストラリアの農業**…乾燥地域で羊の放牧，南東部や南西部で**小麦**の栽培(さいばい)。**肉牛の放牧，酪農(らくのう)もさかん。**

(3) **鉱産資源**…オーストラリアの**東部で石炭，北西部で鉄鉱石，**北部でボーキサイト⇨**露天掘り(ろてんぼり)**による採掘(さいくつ)。

アルミニウムの原料 ― ボーキサイト
地表を直接削り，採掘 ― 露天掘り

(4) **観光業**…島々では美しいサンゴ礁の海をいかしてリゾート開発⇨環境破壊(かんきょうはかい)が課題。

▲オーストラリアの鉱産資源の分布

4 | 他地域との結びつき

(1) **オーストラリア**…貿易相手国は**イギリス**から**中国**，日本，アメリカ合衆国へと変化。**アジア太平洋経済協力会議(APEC(エイペック))**に参加。

かつてこの国の植民地 ― イギリス

(2) **日本とのつながり**…貿易，ワーキングホリデーによる交流，観光地の開発。

労働許可が付いた海外休暇旅行 ― ワーキングホリデー

データファイル

オーストラリアの貿易相手国

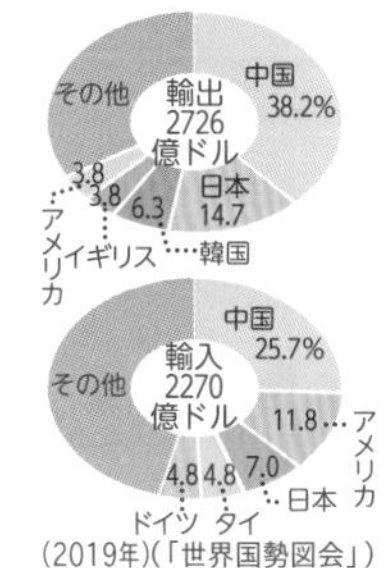

(2019年)(「世界国勢図会」)

テストの例題チェック

① オーストラリアの先住民は？ [アボリジニ]

② オーストラリアやニュージーランドで飼育がさかんな家畜は？ [羊]

③ オーストラリアの北西部で産出がさかんな鉱産資源は？ [鉄鉱石]

④ 一つの国で多民族がそれぞれの文化を尊重する社会は？ [多文化社会]

テスト直前 最終チェック！

☑ 北アメリカ州の特色

標高4000m を超える
ロッキー山脈

アメリカ合衆国の北緯37度より南の
サンベルト
では，先端技術産業が発達。

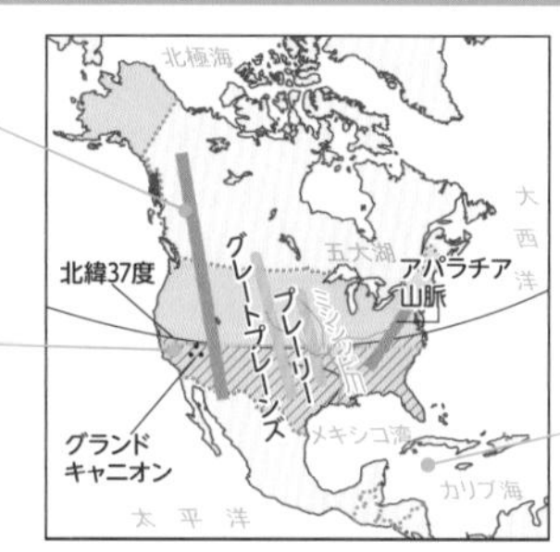

ヒスパニック
メキシコや中米などからアメリカ合衆国に移り住んだ人々。スペイン語を話す。

熱帯低気圧の
ハリケーン
が多く発生する。

☑ 北アメリカ州の重要用語

企業的な農業	農場主が労働者を雇い，広い農地を大型機械で耕して農産物を生産する。  （ピクスタ） ▲アメリカの円形農地
適地適作	地域の気候や土壌などに合わせた農産物を栽培すること。
シリコンバレー	サンフランシスコ近郊にある，情報通信技術(ICT)関連の企業が集中した地域。
多国籍企業	多くの国に生産や販売の拠点をもち，世界的に活動している企業。

北アメリカ州〜オセアニア州

南アメリカ州の特色

標高6000m を超える山々が連なる**アンデス山脈**。

ブラジルではさとうきびを原料とする**バイオ燃料**(バイオエタノール)で走る自動車が普及している。

世界一流域面積が広い**アマゾン川**。

(Cynet Photo)

パンパ
小麦の栽培や肉牛の放牧がさかんな温帯の草原。

オセアニア州の特色

太平洋には，火山島や**サンゴ礁**に取り囲まれた島々がある。

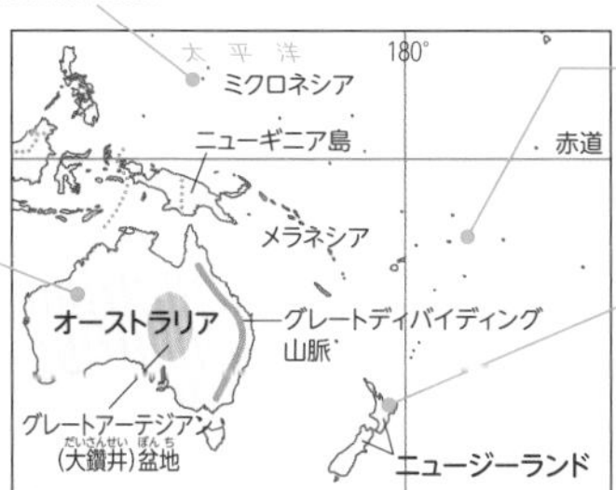

ポリネシア
「多くの島々」を意味する地域。

アボリジニ
オーストラリアの先住民。

(Cynet Photo)

マオリ
ニュージーランドの先住民。

21 地形図の見方

1 地形図の種類と縮尺

(1) **発行**…国土交通省の**国土地理院**。

(2) **種類**…主に**2万5千分の1**の地形図と5万分の1の地形図がある。

(3) **縮尺**…実際の距離を縮めた割合。縮尺から実際の距離を求めることができる。

◎実際の距離＝地図上の長さ×**縮尺の分母**。

(例) 2万5千分の1の地形図上で2cm

2(cm)×25,000＝50,000(cm)

＝500(m)

くわしく

扇状地と三角州の等高線

扇状地では，等高線の間隔は**広く，ほぼ等間隔**に引かれている。三角州では，等高線は**ほとんどみられない。**

扇状地

(2万5千分の1「石和」)

三角州

(5万分の1「彦根西部」)

2 等高線のきまり 出る

(1) **等高線**…同じ高さのところを結んだ線。2万5千分の1では**10**mごと，5万分の1では**20**mごとに引かれている。

(2) **傾斜の見方**…等高線の間隔が狭いと傾斜が**急**，間隔が広いと傾斜が**緩やか**。

(3) **谷と尾根**…等高線が高いほうへ向かっているのが**谷**，低いほうに向かっているのが**尾根**。

テストでは 地図上の長さから実際の距離を求める方法はマスターしておこう。等高線の見方についての問題も多いので，しっかり理解しておくこと。

3 | 方位と地図記号

(1) **方位**…普通（ふつう），上が**北**。上が北ではない場合は，方位記号がつけられる。

(2) **地図記号**…関連のあるものの形を図案化した記号が多い。

▲ 8 方位

◎主な地図記号

記号	名称	記号	名称	記号	名称
◎	市(区)役所		老人ホーム	ıı	田
文	小・中学校	卍	寺院	∨	畑
〒	郵便局	⛩	神社		果樹園
⊗	警察署	Y	消防署	∴	茶畑
X	交番		発電所・変電所		荒（あれ）地（ち）
	病院		図書館		広葉樹林
⊕	保健所		博物館・美術館	Λ	針葉樹林

テストの例題チェック

① 地形図には主に，5万分の1と何分の1の地形図がある？

［ 2万5千分の1 ］

② 実際の距離は，地図上の長さ×何で求められる？ ［ 縮尺の分母 ］

③ 5万分の1の地形図では，等高線は何mごとに引かれている？

［ 20mごと ］

④ 等高線の間隔が狭いほど傾斜はどうなる？ ［ 急(になる) ］

⑤ とくにことわりがない場合，地図の上はどの方位？ ［ 北 ］

22 調査の仕方(発表の仕方)

1｜調査の仕方

(1) **手順**…疑問に思ったことや，興味をもったことから，**調査テーマ**を決定。⇨自分なりの予想(**仮説**)を立てる。

(2) **調査方法**…文献(ぶんけん)調査，**野外観察**，聞き取り調査などがある。
（文献調査：本や資料で調べる／野外観察：フィールドワークともいう）

2｜文献調査

(1) **進め方**…本や資料で，調査テーマに関係する文や地図，**統計資料**を調べる。
（統計資料：グラフや表など）

(2) **文献を調べるところ**

◎市(区)役所(町村役場) …地域の人口や産業などについての資料がある。

◎**図書館**…市(区)町村や出版社が発行した本や資料などがある。

◎**インターネット**…市のウェブサイトに，最新の統計が載(の)っていることもある。

3｜野外観察(フィールドワーク)

(1) **進め方**…外に出て，目で見て調べる。

(2) **方法**…**ルートマップ**などを使って歩き，気がついたことをノートに書く。写真や動画を撮影(さつえい)する方法もある。

くわしく

ルートマップ

歩く道順や調べる事柄(ことがら)などを書き込(こ)んだ地図。

くわしく

野外観察の持ち物

記録用のノート(フィールドノート)

筆記用具

地図(ルートマップ)

カメラ

方位磁針(じしん)

テストでは 文献調査，野外観察，聞き取り調査のそれぞれの調査方法を理解しておこう。調査結果のまとめ方もおさえておこう。

4 | 聞き取り調査

(1) **進め方**…調査テーマについて詳(くわ)しい人を訪ねて，話を聞く。

(2) **注意点**…訪問する前に必ず連絡(れんらく)して許可を得る。記録用のノートやカメラ，ビデオカメラなどを用意する。

5 | 調査結果のまとめ方

(1) **手順**…資料や情報を整理して**分析**⇨仮説が正しかったかを**考察**。

(2) **まとめ方**…グラフやイラスト，地図，写真などを入れるとわかりやすい。

(3) **発表の仕方**…レポートにまとめる。**壁(かべ)新聞**の形で発表する方法，撮影(さつえい)した**ビデオ(動画)**を上映する方法など。

ミス注意

文献調査の注意点

文献調査の一つとして，地形図を使った調査がある。このうち，**古い地形図と新しい地形図を見比べる方法**があるが，その際，古い地形図では**地図記号が現在と異(こと)なることがある**ので，注意すること。

テストの例題チェック

① 調査テーマについて，本や資料で調べる方法を何という？ [文献調査]

② 実際に外に出て調べる方法を何という？ [野外観察(フィールドワーク)]

③ 歩く道順や調べる事柄などを書きこんだ地図を何という？

[ルートマップ]

④ 調査テーマについてくわしい人を訪ねて，話を聞く方法を何という？

[聞き取り調査]

23 日本の地形

1 | 世界の地形

(1) 主な造山帯

◎ **環太平洋造山帯**…太平洋を取り囲む。
（環太平洋造山帯：日本列島が属する）

◎ **アルプス・ヒマラヤ造山帯**…ユーラシア大陸南部に連なる。

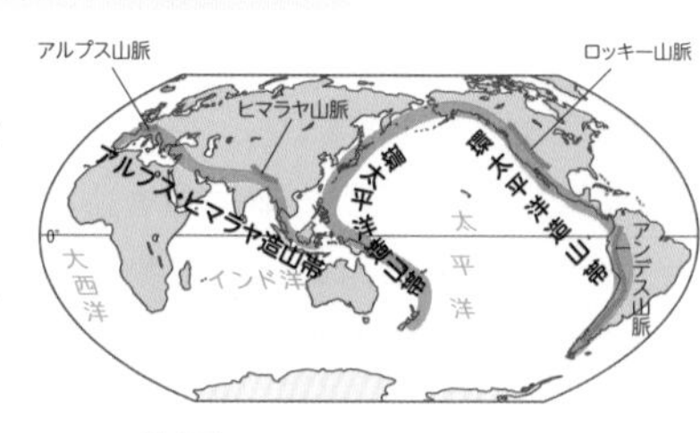

▲二つの造山帯

2 | 日本の地形の特色

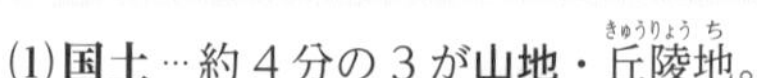

(1) **国土**…約４分の３が**山地**・丘陵地。

(2) **山**…本州中央部に**日本アルプス**，その東に**フォッサマグナ**がある。
（日本アルプス：飛驒山脈，木曽山脈，赤石山脈からなる）
（フォッサマグナ：ここを境に東日本と西日本の地形が異なる）

(3) **川の特色**…**傾斜が急で短い**。流域面積が狭い。

参考

海底地形の種類

■**大陸棚**…陸地の周辺に広がる，深さ200mくらいまでの傾斜の緩やかな海底地形。

■**海溝**…細長い溝のように深くなった海底地形。

▲主な山地・山脈

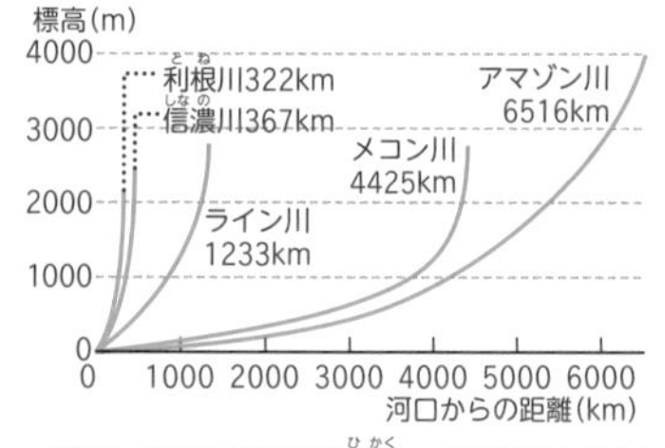

▲日本と世界の主な川の比較 （「理科年表」ほか）

テストでは 扇状地と三角州については，写真や地形図を使った問題が多い。きちんと見分けられるようにしておこう。

3｜特徴的な平地

(1) **扇状地**…山地から運ばれた土砂が谷口に積もってできた扇形の地形。中央部は果樹園に利用されることが多い。

(2) **三角州**…河口付近に土砂が積もってできた，三角形に似た低く平らな地形。

▲扇状地(甲府盆地)

▲三角州(広島平野)（2点ともCynet Photo）

4｜海岸と周りの海

(1) **リアス海岸**…山地が海に沈むなどしてできた，出入りの多い海岸。
└── 三陸海岸，志摩半島，若狭湾岸

(2) **砂浜海岸**…砂浜が広がる単調な海岸。**砂丘**が発達。

(3) **周辺の海流**…暖流の**黒潮**(日本海流)や**対馬海流**，寒流の**親潮**(千島海流)や**リマン海流**。

テストの例題チェック

① 太平洋を取り囲むように連なる造山帯は？ [環太平洋造山帯]

② 日本アルプスを形成している山脈は，飛騨山脈，赤石山脈と，あと一つは何山脈？ [木曽山脈]

③ 甲府盆地などでみられる，傾斜のなだらかな扇形の地形を何という？ [扇状地]

④ 河口付近に土砂が積もってできた低く平らな地形を何という？ [三角州]

24 日本の気候

1｜日本の気候

(1)**特色**…大部分が温帯に属する。四季の変化がはっきりしている。

◎**季節風(モンスーン)**…季節によって向きが変わる風。日本の気候に強い影響。

◎**梅雨**…主に6月から7月に続く長雨。

◎**台風**…夏から秋に日本に接近。

(2)**気候区分**

◎**北海道の気候**…**亜寒帯(冷帯)気候**。冬が長く，寒さが厳しい。梅雨がない。

◎**太平洋側の気候**…夏は**南東**の季節風の影響で高温多雨。冬は乾いた晴天の日が続く。

◎**日本海側の気候**…冬は**北西**の季節風の影響で，雨や雪が多い。

◎**内陸(中央高地)の気候**…夏と冬の気温の差が大きく，年間の降水量が少ない。

◎**瀬戸内の気候**…冬でも温暖。季節風が山地にさえぎられ，年間の降水量が少ない。

◎**南西諸島の気候**…**亜熱帯**に属し,冬でも気温が高い。一年を通して雨が多い。

くわしく

夏と冬の季節風

季節風は，山地にぶつかって，その手前に雨や雪を降らせ，山地を越えると乾いた風になる。

(Cynet Photo)
2月の北海道

(Cynet Photo)
2月の沖縄県

テストでは 各地域の特色をしっかり押さえよう。夏と冬の季節風がどの地域にどのような影響を与えるかはきちんと理解しよう。

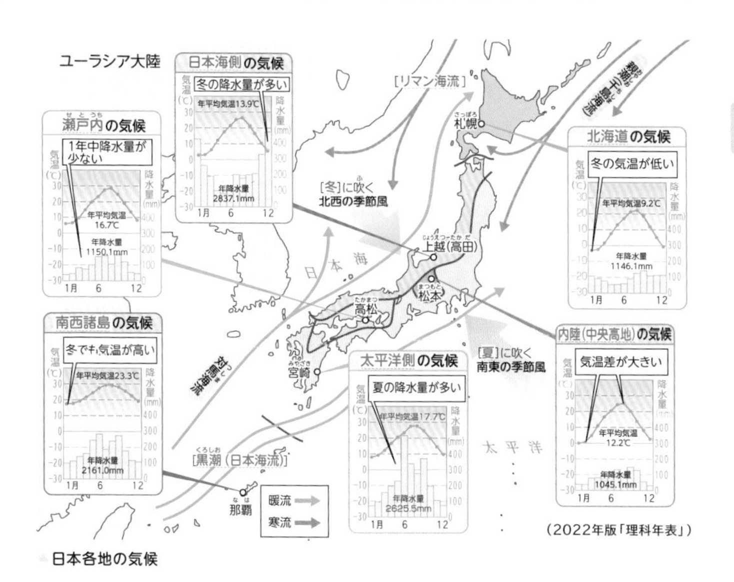

日本各地の気候

テストの例題チェック

① 日本列島の大部分が属する気候帯は？ [温帯]

② 日本の気候に強い影響を与える，夏と冬で向きが変わる風は？ [季節風(モンスーン)]

③ 主に６月から７月に降る長雨を何という？ [梅雨]

④ 夏に南東から吹く②の風の影響で高温多雨になる気候は？ [太平洋側の気候]

⑤ 冬に北西から吹く②の風の影響で雨や雪が多い気候は？ [日本海側の気候]

⑥ 冬でも温暖で，年間の降水量が少ない気候は？ [瀬戸内の気候]

⑦ 冬でも気温が高く，一年を通して雨が多い気候は？ [南西諸島の気候]

25 日本の自然災害と備え

1 さまざまな自然災害

(1) **日本の自然災害**…**環太平洋**造山帯にあるため，地震や火山の噴火による災害が多い。台風による風水害も多い。

(2) **地震**…ゆれによる建物の倒壊，山くずれ・土砂くずれ，**液状化現象**，津波などが起こる。

◎ **阪神・淡路大震災**…1995年1月に発生。多くの建物や高速道路が倒壊した。
（兵庫県南部地震）

◎ **東日本大震災**…2011年3月に発生。東北・関東地方の太平洋沿岸部に巨大津波が押し寄せた。
（東北地方太平洋沖地震）

(3) **火山の噴火**…火山灰や溶岩，高温の火山ガスの噴出。高速で流れる火砕流の発生。

(4) **気象災害**…北海道や東北地方の太平洋側で**冷害**。瀬戸内などの西日本で**干害（干ばつ）**。日本海側で雪害。
（干害：降水量不足で，農業用水や生活用水が不足）

◎ **風水害**…台風や梅雨末期の集中豪雨⇨**洪水**，土砂くずれ，**土石流**，強風や**高潮**。

（アフロ）
▲液状化現象（東日本大震災）

（朝日新聞社）
▲雲仙岳（長崎県）の火砕流

くわしく

液状化現象
地震の振動により，地中の土砂が一時的に液体のようになる現象。近年，川の流路の跡地や軟弱な土地を宅地化した地域で発生している。

ミス注意

■**津波**…海底を震源とした地震の場合に発生。海水がもち上がって沿岸部に押し寄せ，家や町を破壊する。

■**高潮**…台風などによる強風で，海水が海岸に吹き寄せられて海面が高くなる。

くわしく

冷害
夏の低温や日照不足で，作物が育たなくなること。

テストでは 日本は地震などの自然災害が多発していることを覚えておこう。また，ハザードマップについての出題も多い。

2 | 自然災害に対する備え

(1)防災・減災への工夫…災害による被害(ひがい)がおよぶのを防ぐ**防災**だけでなく，被害をできるだけ少なくする**減災**に取り組む必要がある。

①施設(しせつ)の整備…ダムや堤防(ていぼう)の建設。津波避難(ひなん)タワーの設置。
　└─ 土砂災害を防ぐ砂防ダムもある

②避難情報…状況(じょうきょう)に応じて「高齢者(こうれい)等避難」，「避難指示」，「緊急(きんきゅう)安全確保」を発信。
　└─ 災害時に市（区）町村が出す情報

(Cynet Photo)

▲津波避難タワー

(2)ハザード(防災)マップ…被害発生を予測した区域，避難場所や防災施設(しせつ)を示した地図。

(3)防災意識…公助(こうじょ)・自助(じじょ)・共助(きょうじょ)の考えを高める。

①**公助**…災害時に国や都道府県，市(区)町村が救助や支援(しえん)を行う。

②**自助**…災害時に自分や家族を自分で守る。

③**共助**…地域住民どうしで互(たが)いに助け合う。

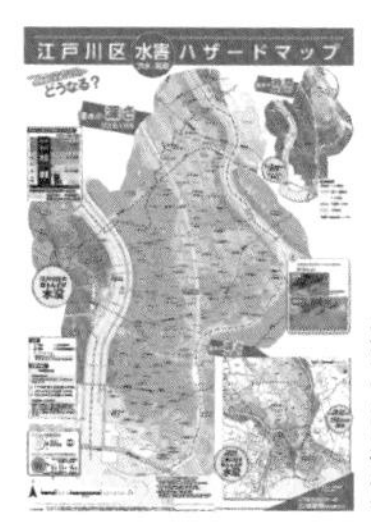

(江戸川区提供)

▲ハザードマップ(東京都江戸川区)

テストの例題チェック

① 日本は地盤(じばん)の不安定な何造山帯にある？ [環太平洋造山帯]

② 地震の震源が海底のときに発生する高波は？ [津波]

③ 災害が起こりそうな場所を予測した地図は？ [ハザードマップ(防災マップ)]

④ 2011年３月に東北・関東地方を襲(おそ)った災害は？ [東日本大震災]

⑤ 災害の被害をできるだけ少なくする取り組みを何という？ [減災]

⑥ 災害時に地域住民どうしで助け合うという考え方は？ [共助]

26 日本の人口

☑ 1 | 日本の人口構成

(1)**日本の人口**…約１億2550万人(2021年10月)。2010年ごろから人口は減少している。

(2)**人口構成**…第二次世界大戦前は**富士山**(ふじさん)型の人口ピラミッド。戦後，**つりがね**型⇨**つぼ**型へ。

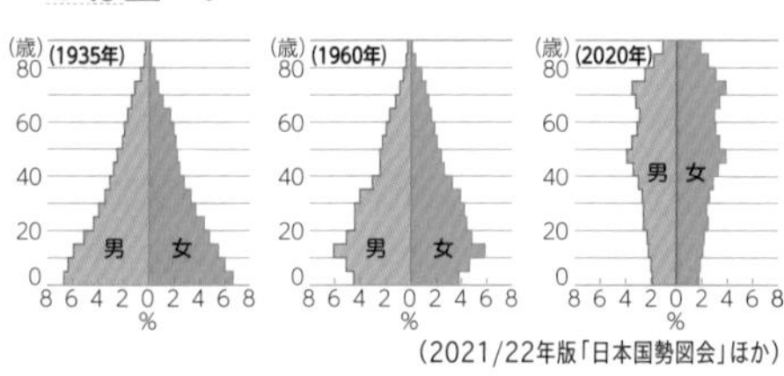

(2021/22年版「日本国勢図会」ほか)

くわしく

人口ピラミッド

国や地域の人口構成の割合を年齢(ねんれい)別，男女別に示したグラフ。

■**富士山型**…子どもが多く，高齢者が少ない。発展途上(とじょう)国に多い。

■**つりがね型**…人口が停滞(ていたい)。

■**つぼ型**…子どもが少なく高齢者が多い。人口減少の型。

☑ 2 | 少子高齢化

(1)**少子化**…出生率が低下し，子どもの数が減少。

(2)**高齢**(こうれい)**化**…**平均寿命**(じゅみょう)ののびなどによって，高齢者の割合が高くなる現象。

(3)**問題点**…労働力の不足，社会保障費の不足。
　└── 医療保険・年金保険など

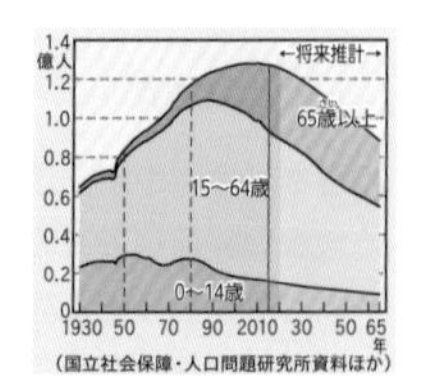

(国立社会保障・人口問題研究所資料ほか)

▲日本の人口の動き

☑ 3 | 日本の人口分布

(1)**人口分布**…**平野**や盆地(ぼんち)に人口が集中⇨**人口密度**が高い。山間部は人口が少ない。
　└── 1 km²あたりの人口

(2)**三大都市圏**(けん)…東京・**大阪**・名古屋(なごや)の三大都市とその周辺に日本の総人口の半数が集中。

テストでは 人口ピラミッドを使った問題はよく出る。過密と過疎の問題もしっかり押さえておこう。

(3) **地方の都市**…高速交通網の整備により，**地方中枢都市**や**政令指定都市**にも人口が集中。
（地方中枢都市：その地方の政治・経済の中心の役割を担う都市）
（政令指定都市：人口50万人以上で，国が定める政令で指定された都市）

データファイル
三大都市圏の人口の割合

（2021年版「日本のすがた」）

4 | 過密と過疎

(1) **過密**…大都市など，限られた地域に人口が極度に集中している状態。

◎問題…交通渋滞，大気汚染，ごみ問題など。

◎人口の動き…大都市で**ドーナツ化**現象が起こったが，都心部の**再開発**により，**都心回帰**の現象もみられる。
（ドーナツ化：都心部の人口が減少し，郊外の人口が増加）
（都心回帰：都心部の人口が増加）

(2) **過疎**…人口の減少が著しく，社会生活の維持が困難な状態。農村や**山間**部，離島などで深刻。

◎問題…学校や病院の閉鎖，交通機関の廃止。

◎対策…地域活性化の取り組み。**Iターン**や**Uターン**など，農村部への移住を促進。
（Iターン：都市部で生まれ育った人が地方に移住）
（Uターン：都市部に移住していた人が生まれ故郷に戻る）

データファイル
過疎地域の全国に占める割合

人口
過疎地域 8.6%

面積
過疎地域 59.7%

（2020年）
（2021/22年版「日本国勢図会」）

テストの例題チェック

① 一般に人口構成（人口ピラミッド）は，つりがね型のあとは何型に変化する？ ［ つぼ型 ］

② 子どもの数が少なくなっている現象を何という？ ［ 少子化 ］

③ 高齢者の割合が高くなっている現象を何という？ ［ 高齢化 ］

④ 人口が極度に集中している状態を何という？ ［ 過密 ］

⑤ 人口の減少が著しい状態を何という？ ［ 過疎 ］

テスト直前 最終チェック！

☑ 等高線と土地の傾斜

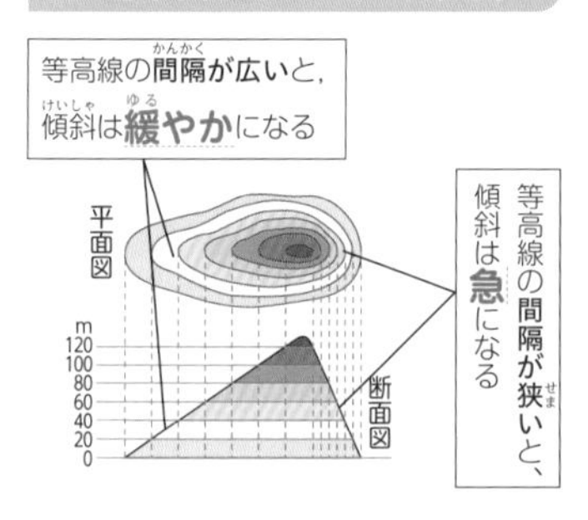

☑ 縮尺と方位

実際の距離＝地図上の長さ×縮尺の分母

2万5千分の1の地形図で，
A－B 間の実際の距離は，
2（cm）×25000＝**500**（m）

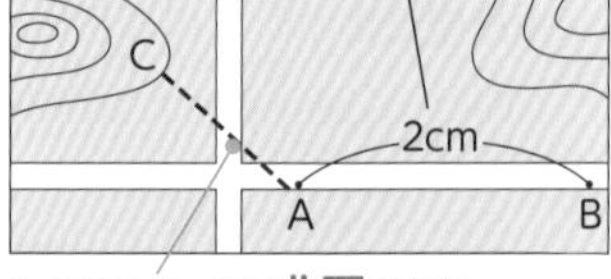

Aから見て，Cは**北西**の方向。
地図はふつう上が北

☑ 日本の主な山地・山脈

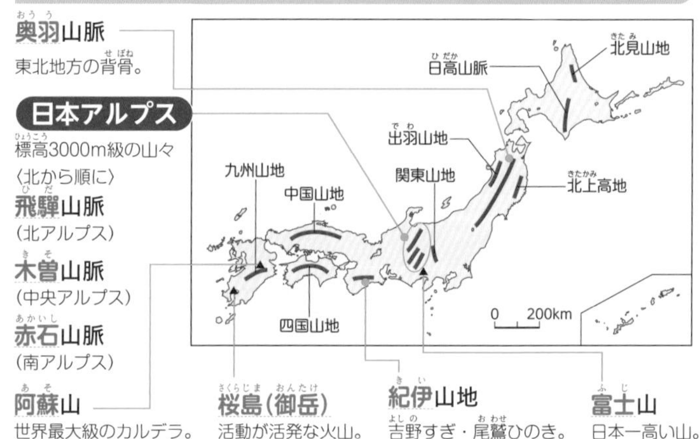

身近な地域の調査,日本の地形・気候・人口

日本の気候区分

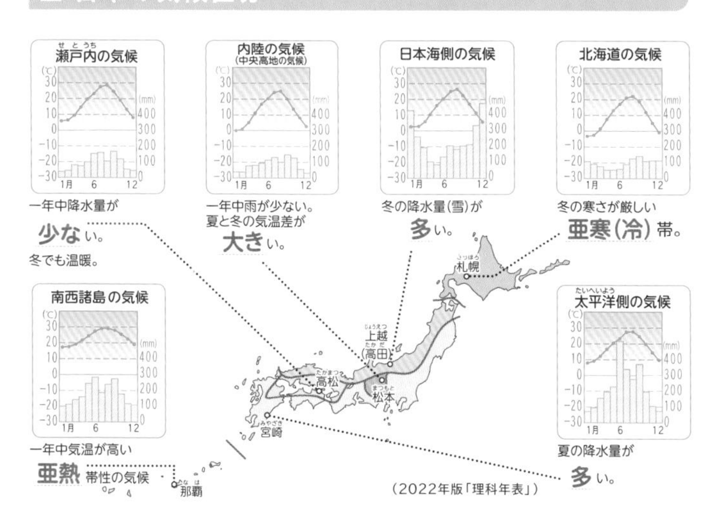

日本の人口ピラミッド

27 日本の資源・エネルギー

1 | 世界の資源

(1) 主な鉱産資源の種類と分布

◎**原油(石油)**…**ペルシア**(ペルシャ)湾(わん)沿岸，カスピ海沿岸，カリブ海沿岸などで産出。

◎**石炭**…世界中に広く分布。とくに**中国**，**アメリカ**，インド。

◎**鉄鉱石**…**中国**，**オーストラリア**，ブラジルなどで産出。

(2) **レアメタル(希少金属)**…コバルト，ニッケル，プラチナなど。電子機器(スマートフォンなど)などの材料として，近年需要(じゅよう)が増加。アフリカ諸国や中央アジアで豊富。不要になった電子機器からの再利用をはかる。

2 | 日本の資源

(1) **原油(石油)**…ほとんどを輸入に頼(たよ)る。サウジアラビアを中心とする西アジアの国々からの輸入が多い。

(2) **石炭，鉄鉱石**…ほとんどを輸入に頼る。ともに鉄鋼の原料となり，**オーストラリア**が最大の輸入相手国。鉄鉱石は**ブラジル**からの輸入も多い。

参考

化石燃料

原油，石炭，天然ガスなど，大昔の動植物の死がいが長い年月の間に変化してできた燃料を化石燃料という。

データファイル

日本の鉱産資源の輸入先

石炭 (2020年)

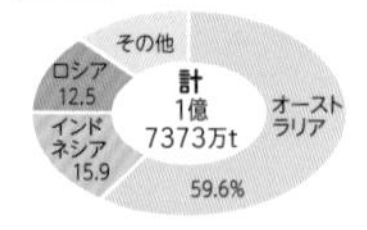

原油 (2020年)

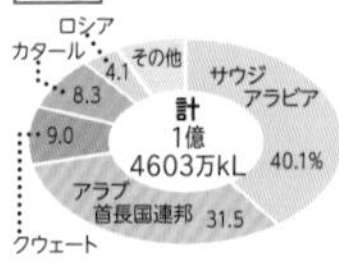

鉄鉱石 (2020年)

(2021/22年版「日本国勢図会」)

テストでは 日本の各鉱産資源の輸入先は最重要。石炭と鉄鉱石の輸入先は間違(まちが)えやすいので注意。再生可能エネルギーの長所に注目する。

3 | 日本の発電

(1) **日本の電力**…火力発電が中心。

◎**水力発電**…**山間部**に立地。ダムにためた水の力などを利用して発電。

◎**火力発電**…大都市に近い**臨海部**(りんかい)に立地。**原油(石油)**や石炭などを燃やすことによって発電。二酸化炭素を多く排出(はいしゅつ)⇨**地球温暖化**の原因。

◎**原子力発電**…核燃料(ウランなど)を利用して発電。福島第一原子力発電所の事故で，見直しの議論。

日本の主な発電所の分布
(2017年版「電気事業便覧」ほか)

(2) **再生可能エネルギー**…**風力**，**太陽光**，**地熱**(地球内部の熱を利用)など繰(く)り返し利用でき，自然環境(かんきょう)への負荷(ふか)が小さいエネルギー。発電量が不安定，発電コストがかかるなどの問題がある。

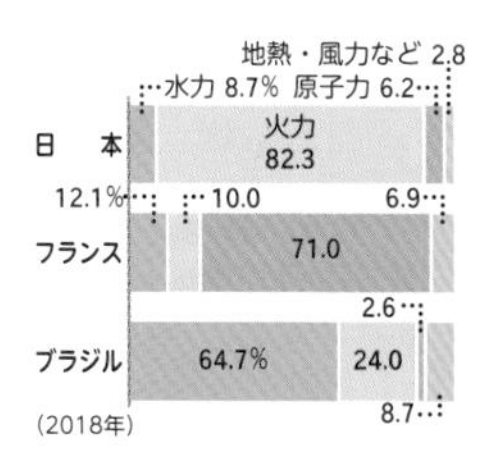

日本と主な国の発電量の割合
(2021/22年版「日本国勢図会」)

テストの例題チェック

① ペルシア湾沿岸などで多く産出する鉱産資源は？ [原油(石油)]

② スマートフォンなどの電子機器の材料となる希少金属は？ [レアメタル]

③ オーストラリアやブラジルからの輸入が多い鉱産資源は？ [鉄鉱石]

④ 現在，日本で最も発電量が多い発電方法は？ [火力発電]

⑤ 風力や太陽光など，くり返し利用できるエネルギーをまとめて何という？ [再生可能エネルギー]

28 日本の農林水産業

1 | 日本の農業

(1)日本の農業の特色

①規模…小規模だが単位面積あたりの収穫(しゅうかく)量は多い。(多くの人手と肥料を使用，機械化)狭(せま)い耕地面積。

②**食料自給率**…貿易自由化によって輸入農作物(価格が安い)が増加し，大きく低下⇨異常気象や紛争(ふんそう)などで輸入がストップした場合，日本国内の食料が不足する可能性があることが問題。

③農家の変化…若い世代が減り，農業人口は減少。**高齢化**(こうれい)が進み，後継者(こうけいしゃ)不足。

(2)さまざまな農業

①稲作(いなさく)…北海道・東北地方・北陸地方は日本の穀倉(こくそう)地帯。

②果樹栽培(さいばい)…涼(すず)しいところで**りんご**，暖かいところで**みかん**。盆地(ぼんち)でぶどう，もも。

③**近郊農業**(きんこう)…大都市周辺で都市向けに出荷。

④**促成栽培**(そくせい)…農作物をほかの地域よりも早い時期に栽培・出荷。**高知平野**や**宮崎平野**。

⑤**抑制栽培**(よくせい)…農作物をほかの地域よりも遅(おそ)い時期に栽培・出荷。高原野菜など。

⑥畜産(ちくさん)…**北海道**で**乳牛**や肉牛，**九州南部**で肉牛や**豚**(ぶた)の飼育。

くわしく

食料自給率

自国で消費する食料が，どのくらい自国でつくられているかを示す割合。日本は先進国の中では，とくに食料自給率が低い。

品目	自給率
米	97%
小麦	16%
大豆	6%
野菜	79%
果実	38%

(2019年度)(「食料需給表」)

▲日本の食料自給率

くわしく

時期をずらして出荷する理由

促成栽培と抑制栽培は，ほかの産地からの出荷量が少ない時期に農作物を出荷するため，**高い価格で売ることができる**という利点がある。

テストでは 日本の食料自給率についての問題がよく出る。促成栽培や抑制栽培の特徴や日本の漁獲量の変化のグラフは要チェック。

2 | 日本の林業・漁業

(1) **林業**…国土の約**3分の2**が森林。**すぎ**，ひのきなどの人工林が多い。安い**輸入木材**が増加したが，近年は国産材を見直す動き。
（紀伊山地の吉野すぎ）

(2) **漁業**…日本近海は好漁場⇨近海に**大陸棚**，三陸海岸の沖合いに暖流と寒流が出合う**潮目（潮境）**。

①漁獲量の減少…**排他的経済水域**の設定で**遠洋漁業**が規制。日本近海の不漁で**沖合漁業**に影響。

②**育てる漁業**…水産資源を育て増やそうとする**養殖業**や**栽培漁業**へ転換。
（養殖業：いけすなどで大きくなるまで育てる）
（栽培漁業：ある程度成長したら海に放流する）

くわしく

■**遠洋漁業**…数十日から一年以上かけて漁を行う。まぐろ漁やかつお漁。

■**沖合漁業**…沖合いで数日かけて漁を行う。いわしなど。

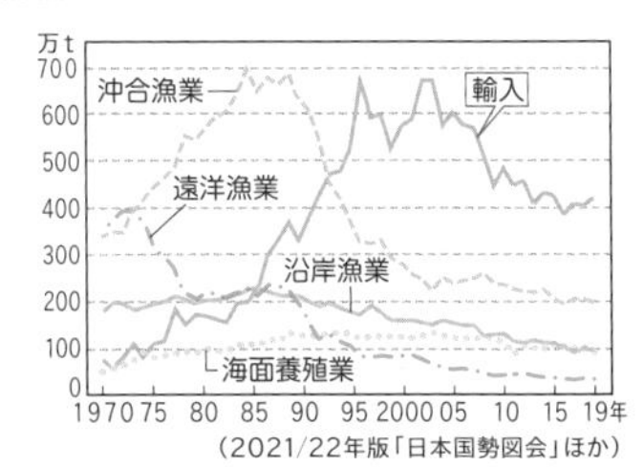

（2021/22年版「日本国勢図会」ほか）

▲漁業種類別漁獲量と輸入量の変化

テストの例題チェック

① 自国で消費する食料が，どのくらい自国でつくられているかを示す割合を何という？ ［ 食料自給率 ］

② 大都市周辺で都市向けに野菜などを出荷する農業は？ ［ 近郊農業 ］

③ 高知平野や宮崎平野で行われている，ビニールハウスなどで野菜の成長を早めて出荷する栽培方法を何という？ ［ 促成栽培 ］

④ 沿岸国が水産資源などの権利をもつ，領海を除く沿岸から200海里以内の海域は？ ［ 排他的経済水域 ］

⑤ 育てる漁業とは，養殖業と何漁業？ ［ 栽培漁業 ］

29 日本の農業地域

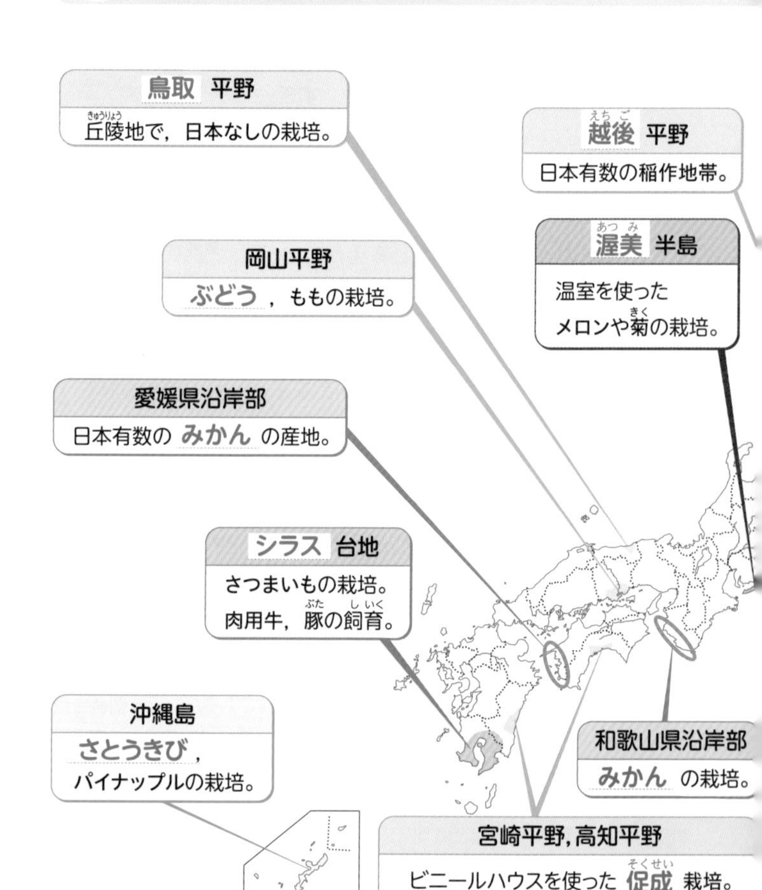

鳥取 平野
丘陵地で，日本なしの栽培。
越後 平野
日本有数の稲作地帯。
渥美 半島
温室を使った
メロンや菊の栽培。
岡山平野
ぶどう，ももの栽培。
愛媛県沿岸部
日本有数の みかん の産地。
シラス 台地
さつまいもの栽培。
肉用牛，豚の飼育。
沖縄島
さとうきび，
パイナップルの栽培。
和歌山県沿岸部
みかん の栽培。
宮崎平野，高知平野
ビニールハウスを使った 促成 栽培。

得点アップポイント 宮崎平野と高知平野の促成栽培はよく出る。りんご，みかん，茶，高原野菜のレタスやキャベツの生産が多い県は要チェック。

石狩平野
客土を行い，稲作がさかんに。

十勝平野
じゃがいもや小麦などを栽培。

根釧台地
大規模な酪農地帯。バターやチーズを生産。

津軽平野
日本一の りんご の産地。

庄内平野
日本有数の稲作地帯。

山形盆地
日本一のさくらんぼの産地。西洋なしの栽培もさかん。

福島盆地
もも やりんごの栽培。

嬬恋村，野辺山原
夏に 高原 野菜を栽培。

関東平野
近郊 農業がさかん。

長野盆地
りんご ，ぶどうの栽培。

甲府盆地
日本有数のぶどう，ももの産地。

牧ノ原
日本有数の 茶 の産地。

30 日本の工業, 商業・サービス業

1 | 日本の工業の特色

(1) **工業の発展**…軽工業から**重化学工業**へと発展。現在は**先端技術**(ハイテク)産業が発達。
　軽工業：せんい, 食料品, 印刷など　重化学工業：金属, 機械, 化学など　先端技術：電子工業など

(2) **太平洋ベルト**…燃料・原料の輸入に便利なため, **石油化学**工業や**鉄鋼業**が発達。
　太平洋ベルト：関東地方南部から九州地方北部に帯状に連なる地域

(3) **工業地域の拡大**…1970年代以降, 工業地域が地方に分散し, 臨海部から**内陸部**へ拡大。

◎内陸部の工業…自動車, 電子部品などの**機械**工業が発達。
　内陸部の工業：北関東工業地域など　電子部品：IC（集積回路）

◎拡大の背景…交通網が整備され, 空港付近や高速道路沿いに**工業団地**がつくられた。
　工業団地：計画的に工場を集めた地域

データファイル

全国の工業生産額の割合

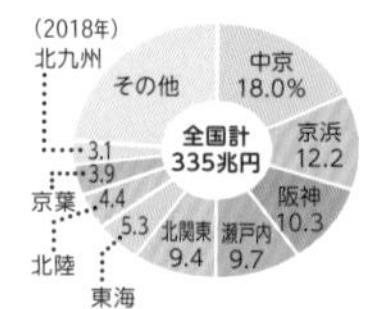

(2021／22年版「日本国勢図会」)

中京・京浜・阪神の工業地帯に続き, 瀬戸内, 北関東, 東海などの工業地域の生産額が多い。

2 | 日本の工業の変化

(1) **日本の貿易の変化**…原材料を輸入して, 国内でつくった製品を輸出する**加工貿易**で工業が発展。現在は, 製品の輸入が増えた。

◎**日本の輸出入品の変化**

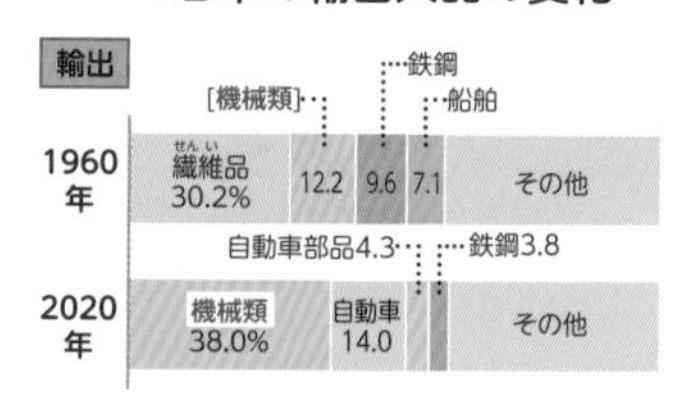

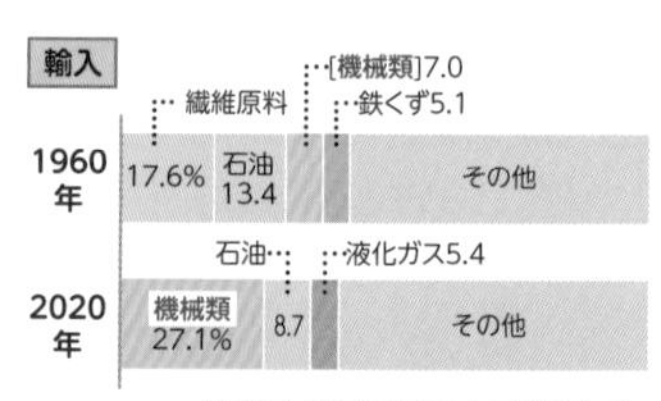

(2021/22年版「日本国勢図会」)

テストでは 臨海部と内陸部で発達する工業の違いはよく出題される。情報通信技術の発達による第３次産業の変化も押さえよう。

(2) **企業の海外進出**…1980年代にアメリカやヨーロッパ諸国との**貿易摩擦**の解消のため，現地生産を増やす。また，労働力が豊富で，賃金が安い**アジア**へ工場を移転。

└─ 日本の貿易黒字が原因

└─ 中国や東南アジア諸国

(3) **問題**…日本国内の工場の閉鎖など，**産業の空洞化**が問題。中国や東南アジアの国々との競争が激化。

3 | 日本の商業・サービス業

(1) **商業**…**卸売業**や小売業。大型ショッピングセンター，コンビニエンスストアが増加。**情報通信技術(ICT)**の発達⇨**電子商取引**が普及。

└─ 小売店に商品を販売

(2) **新しいサービス業**…情報や通信に関する業種が成長。コンテンツ産業が世界から注目。高齢社会に対応した医療・福祉業も成長。

アニメやゲームなど ─┘

└─ 介護サービスなど

くわしく

産業は次の三つに分類される。

◆**第１次産業**…農業・林業・漁業。

◆**第２次産業**…鉱業・製造業・建設業。

◆**第３次産業**…商業・運輸業・金融業・教育・医療など。

データファイル

第３次産業従業者の割合

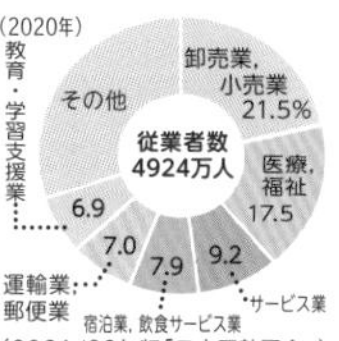

(2021/22年版「日本国勢図会」)

テストの例題チェック

① 関東地方南部から九州地方北部にかけて帯状に連なる，工業地帯・地域が集中する地域を何という？ [太平洋ベルト]

② 原材料を輸入して，国内でつくった製品を輸出する貿易は？ [加工貿易]

③ 工場の海外進出などによって，国内の産業が衰える現象を何という？ [産業の空洞化]

④ 商業のうち，小売店に商品を販売する業種を何という？ [卸売業]

31 日本の工業地域

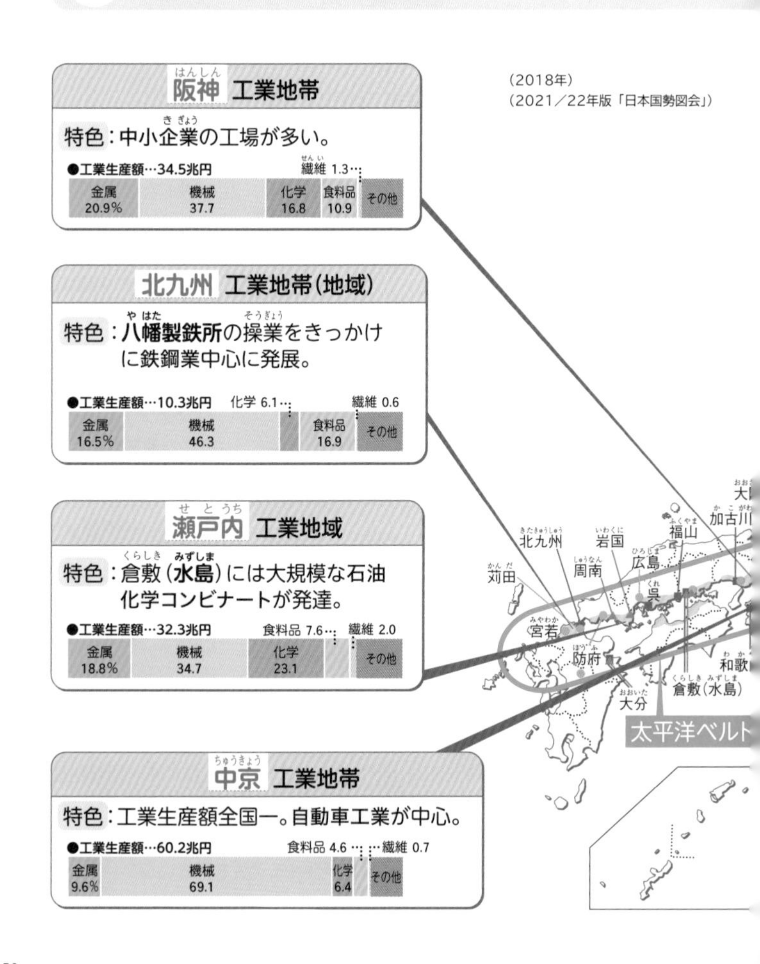
(2018年)
(2021／22年版「日本国勢図会」)
阪神工業地帯
特色：中小企業の工場が多い。
●工業生産額…34.5兆円
金属 20.9%
機械 37.7
化学 16.8
食料品 10.9
繊維 1.3
その他
北九州工業地帯(地域)
特色：八幡製鉄所の操業をきっかけに鉄鋼業中心に発展。
●工業生産額…10.3兆円
金属 16.5%
機械 46.3
化学 6.1
食料品 16.9
繊維 0.6
その他
瀬戸内工業地域
特色：倉敷(水島)には大規模な石油化学コンビナートが発達。
●工業生産額…32.3兆円
金属 18.8%
機械 34.7
化学 23.1
食料品 7.6
繊維 2.0
その他
中京工業地帯
特色：工業生産額全国一。自動車工業が中心。
●工業生産額…60.2兆円
金属 9.6%
機械 69.1
化学 6.4
食料品 4.6
繊維 0.7
その他
北九州
岩国
福山
加古川
苅田
周南
広島
呉
宮若
防府
大分
和歌山
倉敷(水島)
太平洋ベルト

得点アップポイント　中京工業地帯では機械工業の割合がほかの工業地帯・地域より高いことに注意。京葉工業地域は化学工業の割合が最も高い。

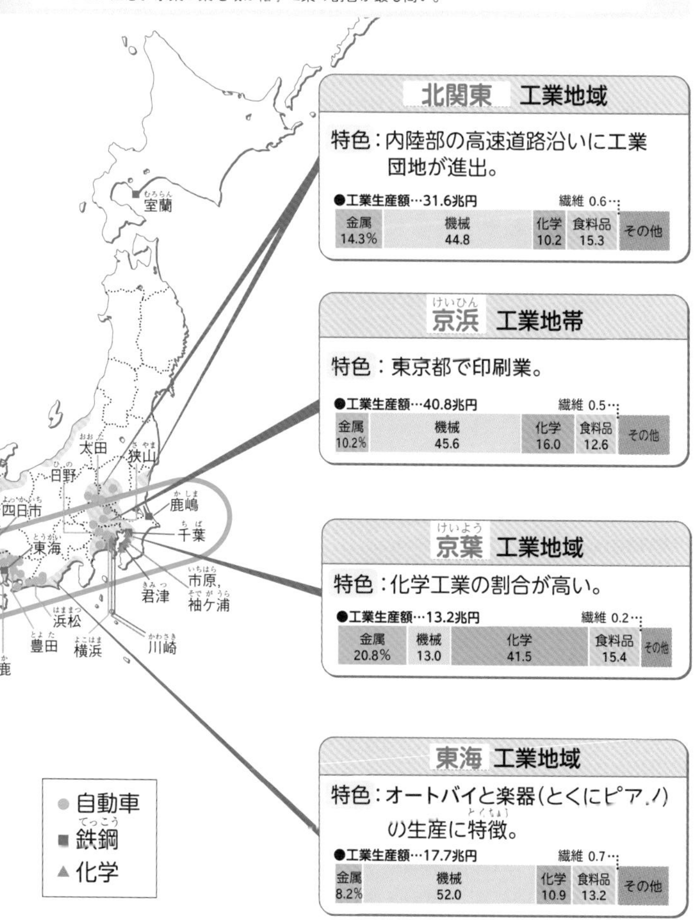

32 日本の交通・通信

1｜交通による世界との結びつき

(1) **海上輸送**…タンカーや**コンテナ船**。重くかさばる貨物を安く大量輸送。原油・石炭などの資源を輸入し，機械や自動車などを輸出。

(2) **航空輸送**…**軽量で高価な電子部品**，新鮮(しんせん)さが求められる野菜や生花などを貨物として輸送。**ハブ空港**が重要な役割。

くわしく

ハブ空港

多くの航空路線とつながり，地域の航空輸送の拠点(きょてん)となっている国際空港。

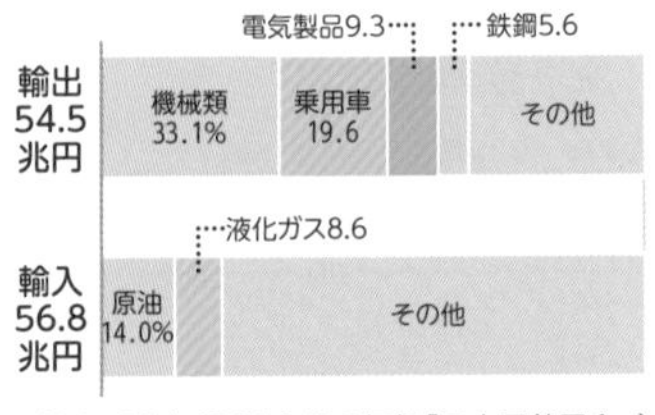

（2019年）（2021/22年版「日本国勢図会」）

日本の海上輸送貨物の割合

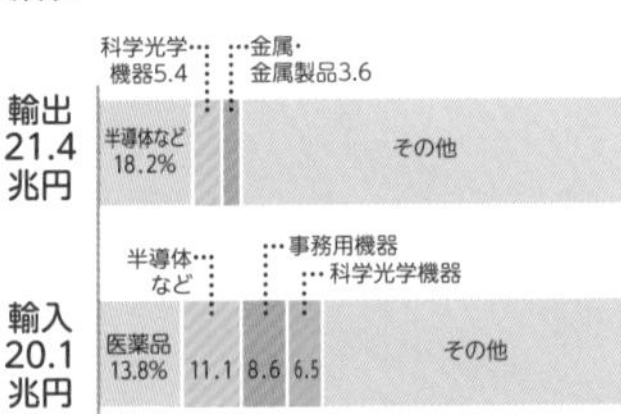

（2020年）（2021/22年版「日本国勢図会」）

日本の航空輸送貨物の割合

2｜交通網の整備

(1) **高速交通網(もう)の発達**…**高度経済成長**期（1955年～1973年）以降，新幹線・高速道路などの整備が急速に進む。

◎高速道路…全国に整備⇨貨物・旅客ともに**自動車**輸送の割合が高まる。インターチェンジ付近に**工業団地**や物流倉庫が進出し，地域の雇用(こよう)が増える。

参考

リニア中央新幹線

超電導磁石(ちょうでんどうじしゃく)を利用したリニアモーターカーで，時速500kmの走行が可能。開通すれば，東京～大阪間を約70分で結ぶ。

テストでは 海上輸送，航空輸送に適した貨物はよく出題される。国内輸送量の割合の変化を示すグラフも要チェック。

◎鉄道…都市部の通勤・通学での利用が多い。中距離の移動は新幹線が多い⇨鉄道による旅客輸送の割合はほかの先進国より高い。

(2) **環境への影響**…二酸化炭素の排出量を抑えるために自動車から船や鉄道での輸送に変える**モーダルシフト**の動きがみられる。

3 | 情報通信網の発達

(1) **情報通信網**…海底通信ケーブルや通信衛星の整備で，インターネットが広く普及。

(2) **生活の変化**…**情報通信技術**（ICT）の発達で，インターネットを利用した買い物や遠隔医療などが可能になった。一方で**情報格差（デジタル・ディバイド）**も発生。
└── ICTを利用できる人とできない人で生じる格差

データファイル

国内輸送量の割合の変化

貨物輸送

1965年度　2017年度

旅客輸送

旅客船0.2
航空0.8
航空6.6
旅客船0.9
鉄道30.4%
自動車31.6
自動車62.8
鉄道66.8%

1965年度　2017年度

（2021/22年版「日本国勢図会」ほか）
※四捨五入の関係で合計は100%にならない。

テストの例題チェック

① 新鮮な野菜や電子部品などを運ぶときに，主に使われる輸送手段は？　［ 航空輸送 ］

② 重い貨物を運ぶのに使われる輸送手段は？　［ 海上輸送 ］

③ 多くの航空路線とつながり，航空輸送の地域の拠点となっている国際空港を何という？　［ ハブ空港 ］

④ 現在の日本の輸送手段の中心は？　［ 自動車 ］

⑤ インターネットでの買い物や遠隔医療を可能にした技術は？　［ 情報通信技術（ICT） ］

テスト直前　最終チェック！

日本の主な鉱産資源の輸入先

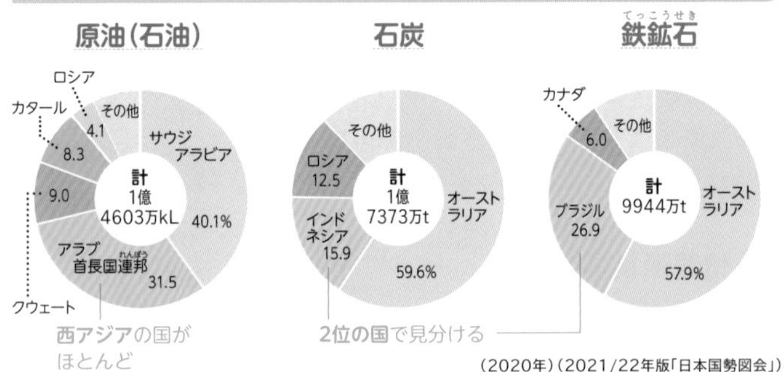

（2020年）（2021/22年版「日本国勢図会」）

日本の主な農作物の生産

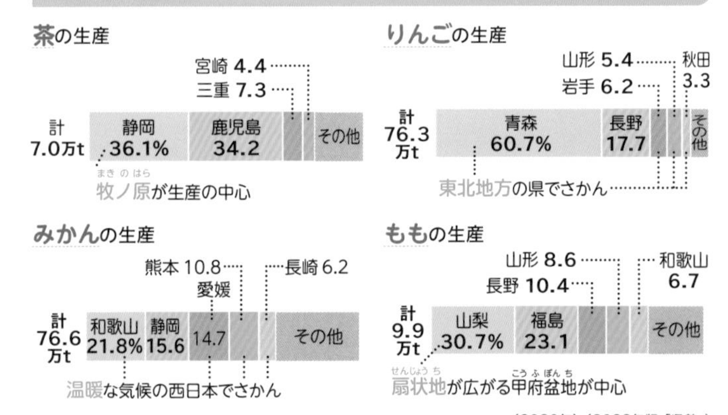

（2020年）（2022年版「県勢」）

日本の資源・エネルギー，産業

主な工業地帯・地域の工業生産額

中京工業地帯(60.2兆円)

自動車など，機械の割合がとくに高い。

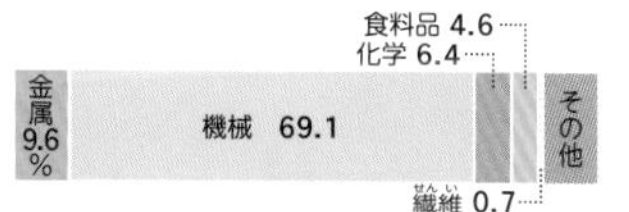

阪神工業地帯(34.5兆円)

鉄鋼業などがさかんで，金属の割合が高い。

瀬戸内工業地域(32.3兆円)

石油化学コンビナートが発達し，**化学**や金属の割合が比較的高い。

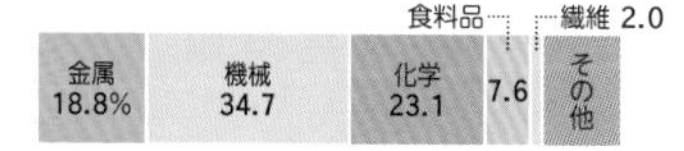

京葉工業地域(13.2兆円)

化学の割合がとくに高い。

繊維 0.2

金属	機械	化学	食料品	その他
20.8%	13.0	41.5	15.4	

(2018年)(2021/22年版「日本国勢図会」)

日本の輸出入品の変化

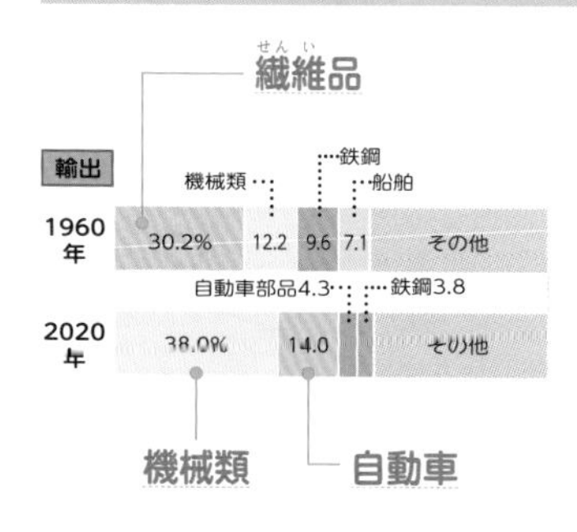

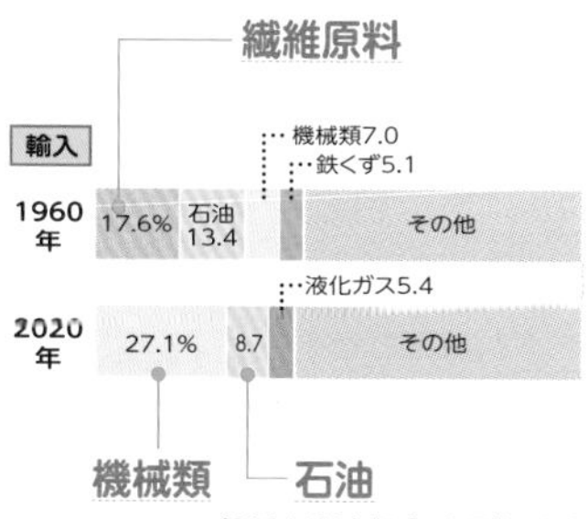

(2021/22年版「日本国勢図会」)

33 九州地方の姿

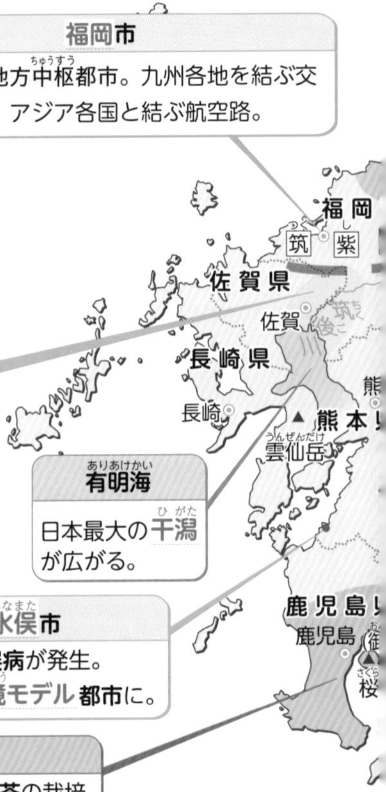

福岡市

九州地方の地方中枢都市。九州各地を結ぶ交通網の拠点，アジア各国と結ぶ航空路。

筑紫平野

九州地方を代表する稲作地帯。い草や麦類，いちごの栽培がさかん。

有明海

日本最大の干潟が広がる。

水俣市

かつて**水俣病**が発生。
現在は**環境モデル都市**に。

シラス台地

火山灰土の台地。**さつまいも**や**茶**の栽培，**肉用牛**や**豚**の飼育がさかん。

東シナ海
福岡
筑紫
佐賀県
佐賀
筑後川
長崎県
長崎
熊本県
雲仙岳
鹿児島県
鹿児島
桜

得点アップポイント 北九州市と水俣市の環境対策は要チェック。農業では北部の稲作と南部の畜産，工業では北九州工業地帯(地域)の変化を押さえよう。

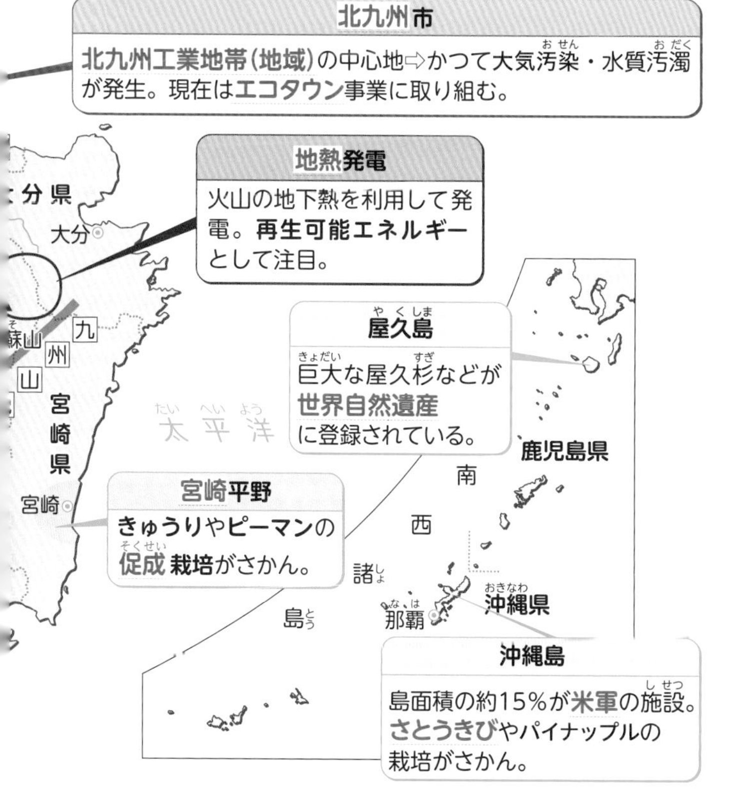

34 九州地方の自然と農業

1 | 自然と気候

(1) **九州地方の位置**…日本列島の南西部。九州とその周りの島々，**南西諸島**からなる。

◎**福岡市**…九州地方の**地方中枢都市**。古くから大陸との交流の窓口。
（地方中枢都市：その地方の政治・経済の中心地）

(2) **九州地方の地形**

◎山地…中央部に**九州**山地。

◎火山…世界最大級の**カルデラ**がある**阿蘇山**（熊本県），雲仙岳（長崎県），桜島（鹿児島県）など⇨噴火による自然災害の一方で，**温泉**や**地熱発電**に利用。

◎平野・台地…北部に**筑紫平野**，南部に**シラス**台地。

◎海岸…北西部に**リアス**海岸。

◎島々…南西諸島に**サンゴ礁**。

(3) **九州地方の気候**…近海を暖流の黒潮（日本海流）と**対馬海流**が流れているので，冬でも比較的温暖。南西諸島は**亜熱帯の気候**。

(4) **自然災害**

①**梅雨**と**台風**…集中豪雨により洪水・土砂くずれが起きやすい。

②都市部の浸水…一時的に雨水をためるトンネルを地下につくるなどの対策。

くわしく

■**カルデラ**…火山の山頂付近に噴火による陥没などでできた大きなくぼ地。

■**シラス台地**…鹿児島県から宮崎県南部にかけて広がる，軽石や火山灰が積もってできた台地。水もちが悪い。

参考

地熱発電

火山の地下深くのマグマで熱せられた地下水や蒸気を利用した発電。九州地方では，大分県の八丁原地熱発電所など。

（ピクスタ）

▲八丁原地熱発電所

テストでは 九州地方の主な火山の名前と位置はよく出る。シラス台地の畜産，宮崎平野の促成栽培に関する問題も多い。

2 | 農業

(1)北部の農業

◎**筑紫**平野…**稲作**(いなさく)がさかん。米の収穫(しゅうかく)後に小麦や大麦を栽培(さいばい)する**二毛作**(にもうさく)も行われてきた。近年は施設(しせつ)園芸農業がさかんで，ビニールハウスを利用して**いちご**を栽培。

└ 二毛作：同じ耕地で１年に２回，異なる農作物を栽培

(2)南部の農業

①**シラス**台地…鹿児島県，宮崎県。

◎畜産(ちくさん)…肉牛，**豚**(ぶた)，にわとりの飼育。

└ にわとり：肉用若鶏

◎畑作…**笠野原**(かさのはら)で野菜や**茶**の栽培。

└ 笠野原：大隅半島。戦後にかんがい施設を整備

②**促成栽培**(そくせい)…冬でも温暖な気候をいかして，野菜の生育を早める栽培方法。宮崎平野で**ピーマン**やきゅうり，熊本平野でトマト。

データファイル

主な家畜の飼育頭羽数の割合

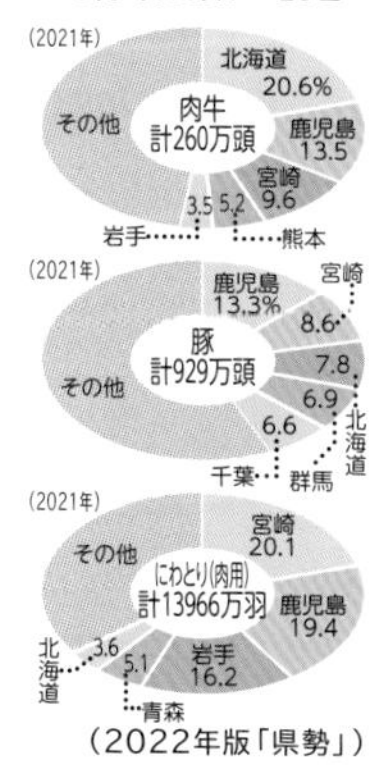

（2022年版「県勢」）

テストの例題チェック

①九州地方の地方中枢都市はどこ？ [福岡市]

②世界最大級のカルデラのある火山は？ [阿蘇山]

③火山の地下熱を利用した発電を何という？ [地熱発電]

④九州地方を代表する稲作地帯の平野は？ [筑紫平野]

⑤同じ耕地で１年に２回，異なる農作物を栽培することを何という？ [二毛作]

⑥火山灰などが積もってできた，九州南部の台地は？ [シラス台地]

⑦温暖な気候をいかして，野菜の生育を早める栽培方法は？ [促成栽培]

35 九州地方の工業と沖縄

1 | 工業

(1) **北九州工業地帯(地域)**…福岡県北部。

①**八幡製鉄所**…明治時代，現在の北九州市に建設⇨**鉄鋼業**が発達。

②**エネルギー革命**…1960年代に石炭から石油への転換⇨付近の炭鉱は閉山⇨鉄鋼の生産量が減少⇨工業生産が停滞。

(2) **九州地方の工業の変化**…機械工業へ転換。

①**電気機械工業**…高速道路沿いや空港周辺に**IC(集積回路)**工場が進出。

②**自動車工業**…大規模な自動車組み立て工場が進出⇨中国やアメリカに輸出。
(福岡県宮若市，苅田町など)

くわしく

北九州工業地帯が発達した理由

①鉄鉱石の輸入先の中国に近かった。

②近くに筑豊炭田があり，鉄鋼の原料の石炭が豊富だった。

③海陸の交通にめぐまれていた。

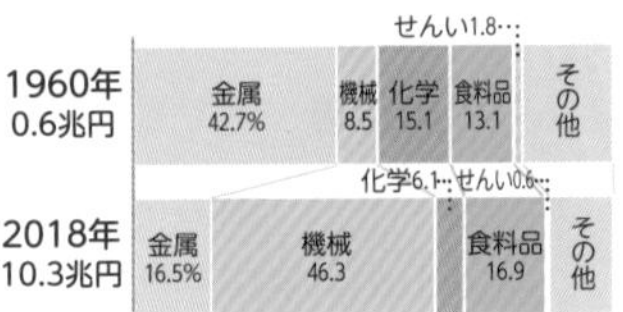

(2021/22年版「日本国勢図会」ほか)

▲北九州工業地帯の工業生産額の変化

2 | 環境保全と開発の両立

(1) **北九州市**…かつて大気汚染や洞海湾の水質汚濁が発生⇨現在は**エコタウン事業**を進める。
(産業から出る廃棄物をなくすことを目指す)

(2) **水俣市**…四大公害病の一つの**水俣病**が発生⇨安全な海にもどる⇨現在はエコタウン，**環境モデル都市**に選ばれている。

(3) **持続可能な社会**…環境に負担をかけずに開発を進める社会。九州各地で取り組み。

(アフロ)

▲**水俣市のごみの分別**
徹底した分別を行っている。

テストでは 北九州工業地帯(地域)については，よく出題される。水俣市と北九州市の公害の歴史と環境保全の取り組みは要チェック。

3｜南西諸島の自然環境と農業

出る

(1) **気候と暮らし**…**亜熱帯**の気候。気温が高く，降水量も多い。海には**サンゴ礁**が広がる。

(2) **農業**…**さとうきび**の栽培がさかん。近年は，菊，パイナップル，マンゴーなどが増加。

（ピクスタ）

▲沖縄の伝統的な住居
台風や暑さに備えたつくり。

4｜沖縄の歴史と観光業

(1) **琉球王国**…貿易で栄え，独自の文化。
15～19世紀

(2) **第二次世界大戦後**…アメリカ軍の統治下⇨1972年に日本に返還。現在もアメリカ軍基地が集中。

(3) **さかんな観光業**…第**3**次産業人口の割合が高い。

(4) **環境保全**…リゾート開発でサンゴが死滅するなどの問題⇨**エコツーリズム**。
環境保全を意識した観光の取り組み。エコツアー

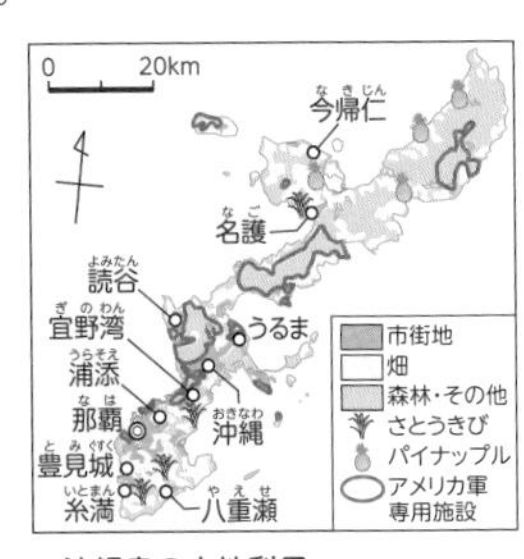

▲沖縄島の土地利用

テストの例題チェック

① 福岡県北部に形成されている工業地帯(地域)は？［ 北九州工業地帯(地域) ］

② 1901年に操業が開始された官営の製鉄所は？［ 八幡製鉄所 ］

③ 九州の高速道路沿いや空港周辺に進出したのは何工場？［ IC(集積回路)工場 ］

④ 南西諸島の海に広がる，石灰質の美しい地形を何という？［ サンゴ礁 ］

⑤ 沖縄で高いのは第何次産業の人口割合？［ 第３次産業 ］

36 中国・四国地方の姿

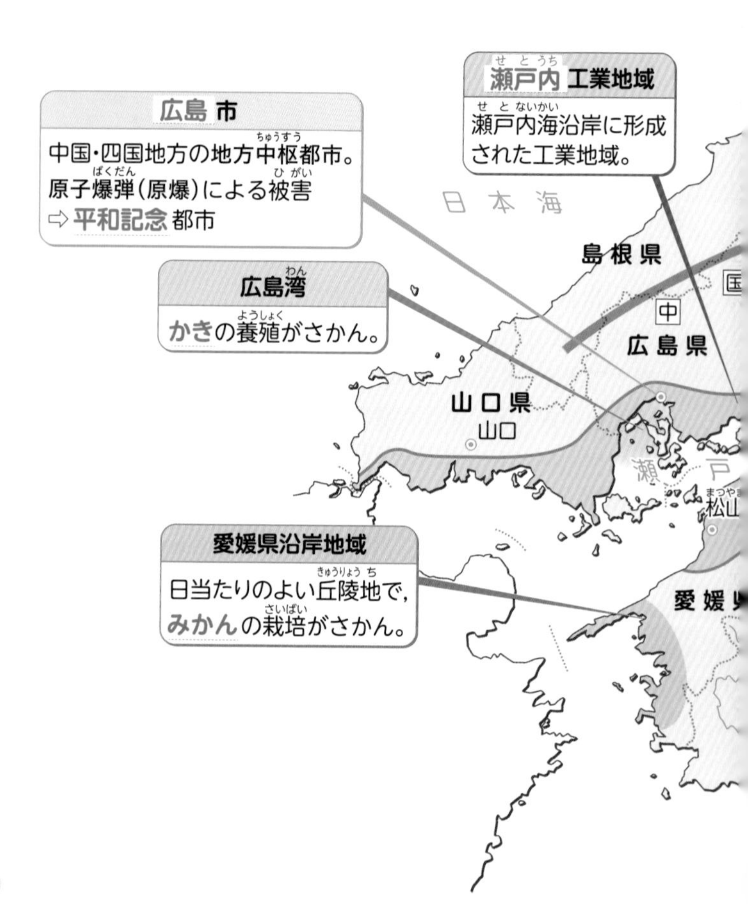
広島市
中国・四国地方の地方中枢都市。
原子爆弾(原爆)による被害
⇨平和記念都市
瀬戸内工業地域
瀬戸内海沿岸に形成
された工業地域。
日本海
島根県
広島県
山口県
山口
中
広島湾
かきの養殖がさかん。
愛媛県沿岸地域
日当たりのよい丘陵地で,
みかんの栽培がさかん。
瀬
戸
松山

得点アップポイント 過疎化と高齢化のテーマは要チェック。高知平野の促成栽培で栽培されている野菜を覚えよう。本州四国連絡橋の位置にも注意。

37 中国・四国地方の自然と交通

1 自然と気候

(1) **地域区分**…**山陰**(さんいん)，**瀬戸内**(せとうち)，**南四国**の三つの地域。(→p.16)
山陰：中国山地の北側　南四国：四国山地より南

(→p.16)

(2) **中国・四国地方の地形**

◎山地…なだらかな**中国**山地，険(けわ)しい**四国**山地。

◎海…多くの島が点在する**瀬戸内海**(せとないかい)。

◎平野…広島平野，高知平野など。鳥取平野の海沿(うみぞ)いに**砂丘**(さきゅう)が発達。
広島平野：太田川下流に三角州

(3) **中国・四国地方の気候**

①**山陰**…日本海側の気候。冬は**北西**の季節風の影響(えいきょう)で，雪や雨が多く降る。

②**瀬戸内**…瀬戸内の気候。二つの山地にはさまれて降水量が少ない⇨水不足が起こる⇨ため池や用水路の整備。
二つの山地にはさまれて：季節風の影響を受けにくい

③**南四国**…太平洋(たいへいよう)側の気候。夏は**南東**の季節風の影響で，雨が多い。
南四国：沖合いを流れる暖流の黒潮の影響で温暖

(4) **地方中枢都市**(ちゅうすう)・**広島市**

①歴史…1945年8月6日に**原子爆弾**(ばくだん)(原爆)が投下される⇨**平和記念都市**。
原子爆弾：原爆ドームは世界文化遺産に登録

②役割…地方中枢都市として，国の出先機関や大企業(きぎょう)の支店が置かれている。**政令指定都市**でもある。

くわしく

ため池
農業用水や生活用水を確保するために人工的につくられた池。讃岐(さぬき)平野には多くのため池がある。

▲讃岐平野のため池
(東阪航空サービス／PPS通信社)

くわしく

政令指定都市
区制がしかれ，県にかわって多くの業務ができる人口50万人以上の都市。2022年3月現在で20都市ある。中国・四国地方では岡山市・広島市が政令指定都市である。

テストでは 瀬戸内で雨が少ない理由を，地形と季節風を使って文章で書く問題はよく出る。本州四国連絡橋開通後の生活の変化も押さえておこう。

2 交通網の整備

(1) **陸上交通網**…東西を結ぶ**山陽新幹線**，中国自動車道，山陽自動車道。南北を結ぶ米子自動車道，浜田自動車道，高知自動車道。

(2) **本州四国連絡橋**…三つのルートが整備され，本州・四国間の移動時間が短縮。

▲本州四国連絡橋の三つのルート

(3) **生活の変化**

◎交通手段が**フェリーから自動車へ**。

◎フェリーの廃止で高齢者などは不便に。

◎**観光客の増加**…高速バスの路線が充実し，全国各地から観光で訪れる人が増加。

◎**ストロー現象**…大都市へ人が吸い寄せられ，地方都市の経済が衰退するという問題。

(2点ともピクスタ)

▲瀬戸大橋　橋の上側に高速道路，下側に鉄道が走っている。

テストの例題チェック

① 中国山地より北側の地域を何という？　[山陰]

② 夏，南四国にはどの方向から季節風が吹く？　[南東]

③ 広島市のように，地方の中心となる都市を何という？　[地方中枢都市]

④ 本州と四国を結ぶ3つのルートをまとめて何という？　[本州四国連絡橋]

⑤ ④のうち，岡山県と香川県を結ぶ橋を何という？　[瀬戸大橋]

⑥ 交通網の整備で，大都市へ人が吸い寄せられるように移動する現象のことを何という？　[ストロー現象]

38 中国・四国地方の産業と課題

1 瀬戸内工業地域

(1) 瀬戸内工業地域…瀬戸内海沿岸。

◎1960～70年代にかけて，原料や燃料の輸入や工業製品の輸出に便利な**臨海部に工業地域が発達**⇨**鉄鋼業**や**石油化学工業**などの重工業中心。
（石油化学工業…石油や天然ガスを原料に，プラスチック，合成せんい，化学薬品などをつくる工業）

	金属	機械	化学	食料品	せんい	その他
1960年 1.2兆円	14.1%	21.6	27.3	10.8	10.3	
2018年 32.3兆円	18.8%	34.7	23.1	7.6	2.0	

（2021/22年版「日本国勢図会」ほか）

▲瀬戸内工業地域の工業生産額の変化

(2) 主な工業都市

◎**石油化学コンビナート**…**倉敷市水島地区**（岡山県），周南市，新居浜市など。

◎鉄鋼業…福山市など。

◎機械工業…広島市と周辺で**自動車工業**。

くわしく

コンビナート
原料・製品などの面で関係が深い工場どうしが結びついて，生産を行う工場群。石油関連の工場が結びついたものが石油化学コンビナート。

▲石油化学コンビナート（山口県周南市）
（Cynet Photo）

2 農業・漁業

(1) 農業

①**高知**平野…温暖な気候を利用して，ビニールハウスを使った野菜の**促成栽培**がさかん。
（促成栽培…ほかの地域の出荷が少ない時期に出荷，高い値段で取り引き）

②果樹栽培…愛媛県で**みかん**，岡山県で**もも・ぶどう**の栽培がさかん。
（みかん…日当たりのよい斜面）

(2) 漁業

◎広島県でかき，愛媛県でまだいの養殖。

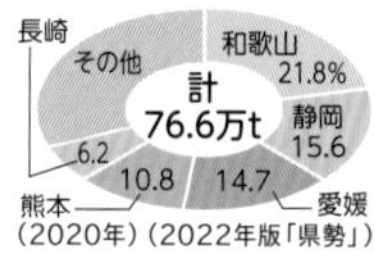

▲みかんの生産量割合

▲みかんの収穫
（Cynet Photo）

テストでは 石油化学工業がさかんな点は要チェック。過疎地域の人口ピラミッドから高齢化を読み取れるようになっておくことも大切。

3 | 過疎化と地域の活性化

(1) 過疎化と高齢化

① **過疎化** … 山間部や離島で進行⇨人口減少，公共交通機関の廃止など。

② **高齢化** … 若者が都市部へ流出し，高齢者の割合が高くなっている⇨農林業で働く人が減り，**耕作放棄地**が拡大。
（若者が進学や就職をきっかけに都市へ移動）

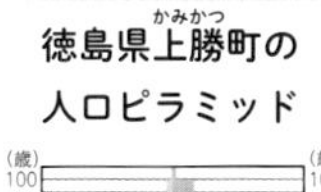

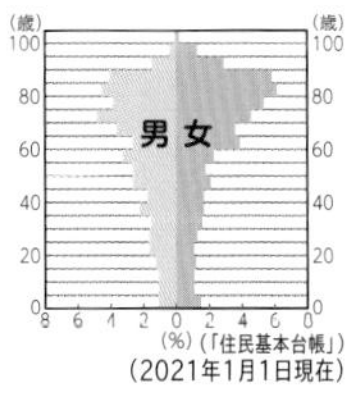

(「住民基本台帳」)
(2021年1月1日現在)

(2) 地域おこし（町おこし・村おこし）… 地域を活性化する試み⇨特産品のブランド化など。

◎ **地産地消** … 地域で生産された農林水産物をその地域で消費する取り組み。
（地域生産・地域消費の略）

◎ **六次産業化** … 農林水産物を生産（第１次産業）し，加工（第２次産業）して，販売（第３次産業）まで行う。

(長田洋平／アフロ)
▲鳥取県境港市の「水木しげるロード」

テストの例題チェック

① 倉敷市水島地区，周南市などにある工場群は？ [石油化学コンビナート]

② 促成栽培がさかんな南四国の平野は？ [高知平野]

③ 愛媛県や和歌山県で生産がさかんな農作物は？ [みかん]

④ 人口が著しく減少し，地域社会の維持が困難になる現象を何という？ [過疎(化)]

⑤ 地域で生産された農林水産物をその地域で消費する取り組みを何という？ [地産地消]

5章

39 近畿地方の姿

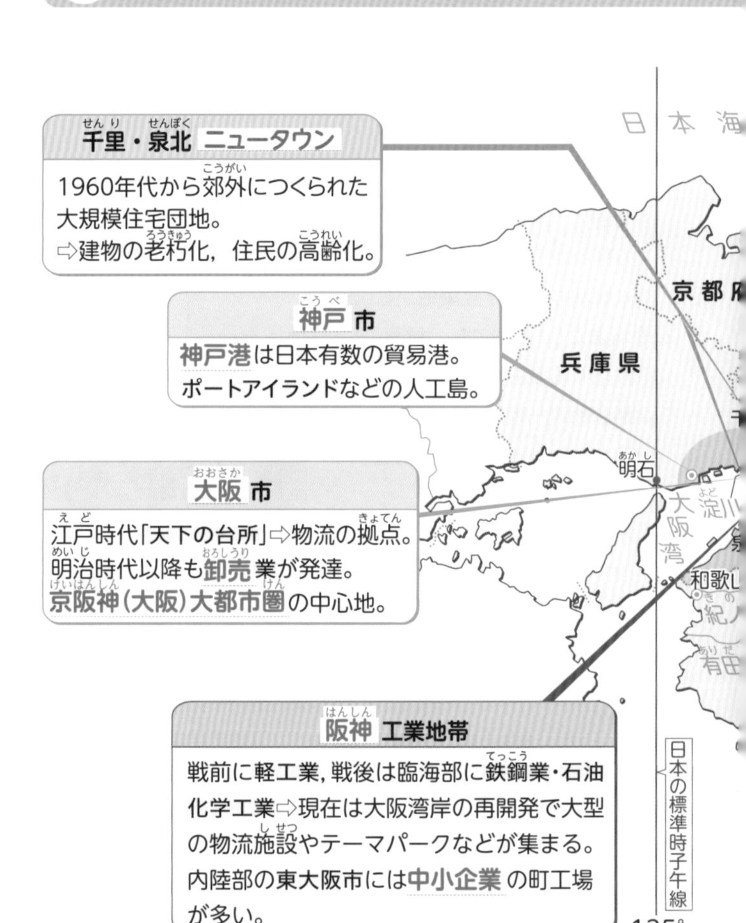
千里・泉北 ニュータウン
1960年代から郊外につくられた大規模住宅団地。
⇨建物の老朽化，住民の高齢化。
神戸市
神戸港は日本有数の貿易港。
ポートアイランドなどの人工島。
大阪市
江戸時代「天下の台所」⇨物流の拠点。
明治時代以降も卸売業が発達。
京阪神（大阪）大都市圏の中心地。
阪神工業地帯
戦前に軽工業，戦後は臨海部に鉄鋼業・石油化学工業⇨現在は大阪湾岸の再開発で大型の物流施設やテーマパークなどが集まる。
内陸部の東大阪市には中小企業の町工場が多い。
日本海
兵庫県
明石
大阪湾
有田
日本の標準時子午線
135°

得点アップポイント 自然環境は，リアス海岸や琵琶湖の環境保全が重要。東大阪市に中小企業の町工場が多いことも押さえておこう。

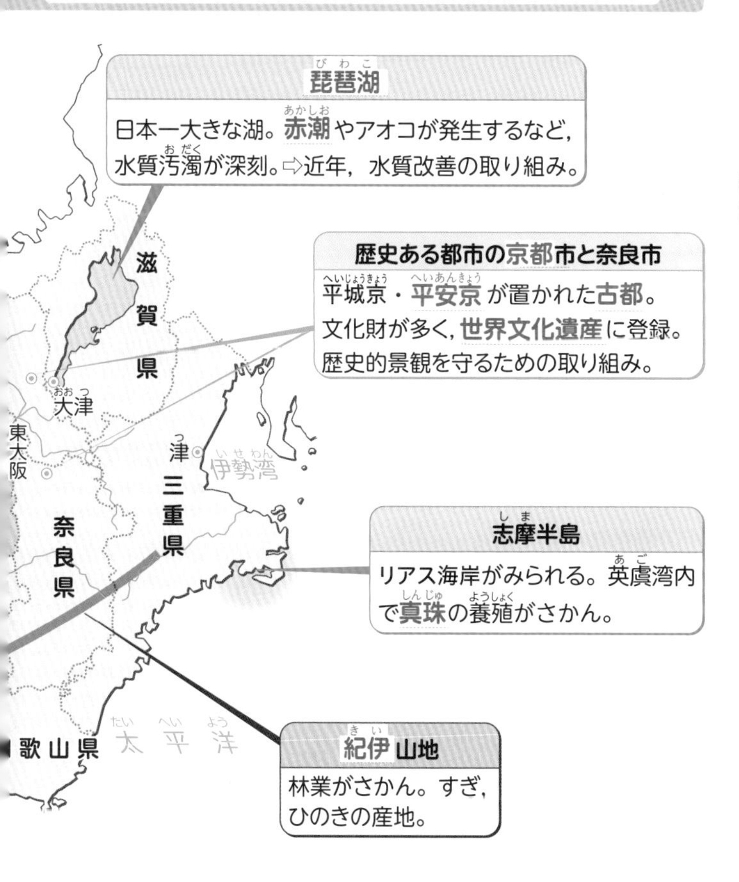

40 近畿地方の自然と景観保全

1 自然と気候

(1) **近畿地方の地形**

◎山地…紀伊半島に**紀伊山地**。
日本最大の半島
◎河川・湖…淀川，琵琶湖。
◎海岸…北部の**若狭湾**，東部の**志摩半島**に**リアス海岸**。
◎平野・盆地…大阪平野，京都盆地，奈良盆地。

▲近畿地方の主な地形

(2) **近畿地方の気候**…北部は日本海側の気候，中央部は瀬戸内の気候，南部は太平洋側の気候。

◎内陸部の盆地…夏は暑く，冬は冷え込む。

(3) **琵琶湖の環境保全**…日本最大の湖。

①近畿地方に飲料水や工業用水を供給。
②水質汚濁が深刻⇨水質改善の取り組み。

2 林業

(1) **紀伊山地の林業**…**すぎ**や**ひのき**の人工林が豊富。しかし，伐採量はほとんど増えず。
(吉野すぎ　尾鷲ひのき)

(2) **課題**…安い輸入木材の増加や高齢化による働き手の減少⇨林業活性化や森林を保全する取り組み。

ミス注意

■**リアス海岸**…スペイン語で「入り江」の意味。山地が沈み込んでできた湾に海水が入り込んでできた海岸。若狭湾・志摩半島・三陸海岸南部など。

■**フィヨルド**…氷河の侵食でできた谷に海水が入り込んでできた湾。高緯度地域にみられる。

テストでは 紀伊山地や志摩半島のリアス海岸などの地形は要チェック。古都京都の歴史的景観を守る取り組みの問題はよく出る。

3 | 古都の景観保全

(1) **奈良と京都**…古代，平城京(へいじょうきょう)，平安京(へいあんきょう)の都が置かれ，**世界遺産**も多い。
└── 古都と呼ばれる

◎ **伝統的工芸品**…京都の西陣織(にしじんおり)や清水焼(きよみずやき)，奈良の奈良墨(すみ)や奈良筆など。
└── 国が指定した，古くから伝わる工芸品

◎ 国宝・重要文化財…京都と奈良に多くある。

(2) **古都の景観保全**…京都市や奈良市で，建物の高さやデザイン，店の看板(かんばん)などを規制する**条例**を制定。
└── 制定した地方公共団体だけで適用されるきまり

(Cynet Photo)
▲西陣織の作業の様子

合計 1万3352件

近畿 45.7%				関東	中部	中国・四国	九州	東北	北海道
京都 16.5%	奈良 9.9	滋賀 6.2	その他	27.3	10.5	8.2	4.4	3.3	0.5

※所有者不明のものなどを除く。四捨五入のため，合計が100%にならない。(2022年3月1日現在)(文化庁資料)

▲地方別の国宝・重要文化財数の割合

(Cynet Photo)
▲京都の景観に配慮(はいりょ)した店

テストの例題チェック

① 近畿地方の南部にある日本最大の半島は？ [紀伊半島]

② 若狭湾や志摩半島にみられる海岸地形は？ [リアス海岸]

③ 滋賀県にある日本一大きな湖は？ [琵琶湖]

④ 紀伊山地で豊富な人工林はひのきと何？ [すぎ]

⑤ 京都の西陣織や清水焼などの古くからつくられている工芸品を何という？ [伝統的工芸品]

⑥ 歴史的景観を守るため，建物の高さやデザインを規制している，古代に平安京が置かれていた都市はどこ？ [京都市]

41 近畿地方の工業と京阪神

1 工業

(1) **阪神**工業地帯

①明治時代…繊維，食料品，日用雑貨などの**軽工業**が発達。

②第二次世界大戦後…**臨海部**に**鉄鋼業**や石油化学工業，**内陸部**に**機械工業**が発達。
└─ 家庭電気製品が中心で，門真市などに大手電気メーカー

◎地盤沈下や大気汚染などの**公害**が深刻化。

③1980～90年代…重化学工業が伸び悩み，工場の閉鎖・移転⇨工業生産額が減少。

④2000年代以降…テレビなどの工場が進出するが縮小。その後，臨海部の再開発⇨大型の物流施設，テーマパークなどが建設。

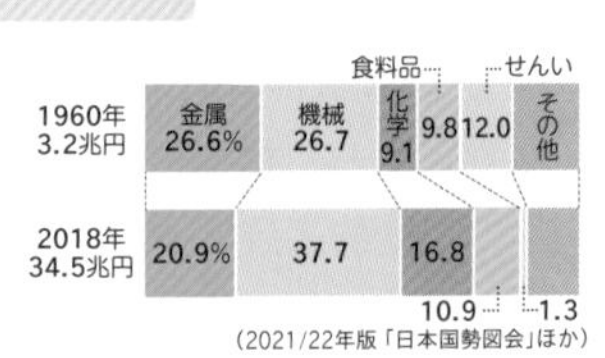

▲阪神工業地帯の工業生産額の変化

(2) **中小企業**…**東大阪市**などに中小企業の町工場が多い。優れた技術をもつ工場もある。
└─ 大企業の下請けが多い

データファイル

中小企業の工場が多い東大阪市

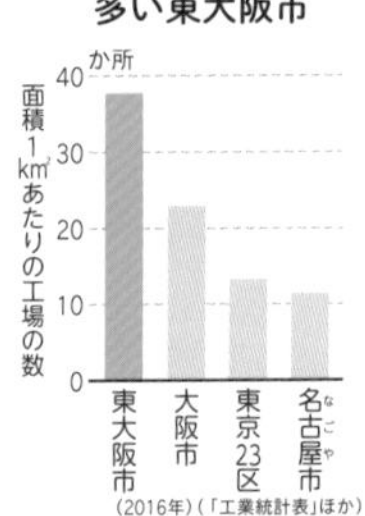

2 大都市圏の形成

出る

(1) **京阪神大都市圏(大阪大都市圏)**…京都・大阪・神戸を中心に広がる。

◎**大阪市**…江戸時代，「**天下の台所**」と呼ばれ，商業が発達。明治時代以降も，**卸売業**や工業が発達した。現在，中心部で**再開発**が進む。
└─ 大規模な商業施設などの建設

参考

「水の都」大阪

江戸時代の大阪中心部には，網の目のように流れていた堀川沿いに，各藩の蔵屋敷や倉庫が建ち並び，米や特産物が船で運び込まれていた。

テストでは 阪神工業地帯の歩みと内陸部に中小企業の町工場が多いことは要チェック。ニュータウンについての問題もよく出る。

(2) **ニュータウン**…人口増加に伴う住宅不足を解消するため，1960年代以降，郊外に大規模な住宅団地(ニュータウン)を建設。

①大阪…**千里**ニュータウン，泉北ニュータウン⇨建物の老朽化や住民の高齢化⇨建て替えや子育て環境の整備が進む。
（千里ニュータウン：豊中市・吹田市）
（泉北ニュータウン：堺市・和泉市）

▲千里ニュータウン(2014年)
(PPS通信社)

②神戸…六甲山地を削ってニュータウンを建設。その土砂で海を埋め立て，**ポートアイランド**や六甲アイランドを造成。人工島の**神戸空港**を建設。

▲ポートアイランド(中央)と神戸空港(下)
(PPS通信社)

テストの例題チェック

① 大阪府から兵庫県にかけて形成されている工業地帯は？ [阪神工業地帯]
② 第二次世界大戦後，①の工業地帯の臨海部に発達したのは，鉄鋼業と何工業？ [石油化学工業]
③ 東大阪市などに多いのはどんな企業の工場？ [中小企業(の工場)]
④ 京都・大阪・神戸を中心に広がる大都市圏は？ [京阪神(大阪)大都市圏]
⑤ 江戸時代，大阪は何と呼ばれていた？ [天下の台所]
⑥ 大阪の中心部で進む，大規模な商業施設の建設などの動きは？ [再開発]
⑦ 人口増加に伴う住宅不足を解消するため，郊外に建設された住宅団地を何という？ [ニュータウン]

5章

テスト直前 最終チェック！

九州地方の特色

北九州工業地帯(地域) 鉄鋼業を中心に発達。近年は機械工業へ転換。

筑紫平野
稲作がさかん。米の収穫後に麦をつくる二毛作も行われてきた。

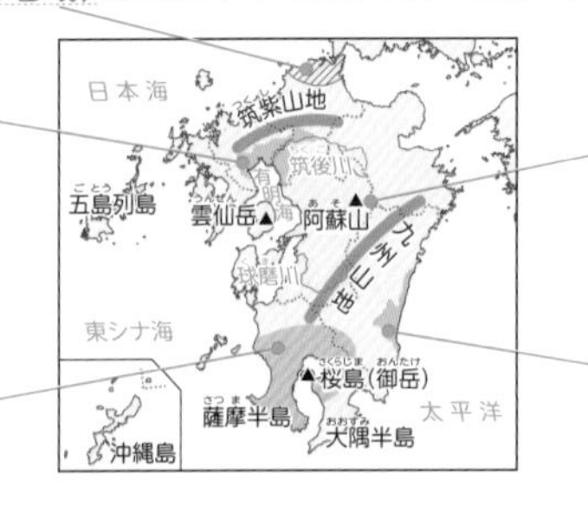

阿蘇山には，世界最大級の**カルデラ**がある。

火山灰に覆われた**シラス台地**で，畜産や畑作がさかん。

宮崎平野で，きゅうりやピーマンの**促成栽培**がさかん。

中国・四国地方の特色

瀬戸内工業地域
瀬戸内海沿岸の工業地域。

▲石油化学コンビナート

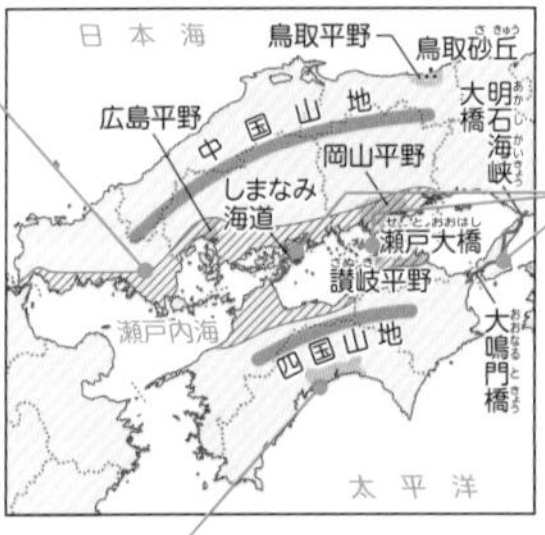

本州四国連絡橋
本州と四国を3つのルートでつないでいる。

山間部や離島で急速に人口が減少して**過疎化**や高齢化が進む。

高知平野で，なすやピーマンの**促成栽培**がさかん。

(ピクスタ)
▲瀬戸大橋

九州地方～近畿地方

近畿地方の特色

阪神工業地帯
金属工業の割合が比較的高い工業地帯。

紀伊山地
すぎやひのきの人工林が豊富な山地。

琵琶湖
日本最大の湖。

志摩半島に，岬と湾が連続する**リアス海岸**がみられる。

(Cynet Photo)

九州地方，中国・四国地方，近畿地方の重要用語

地熱発電	火山の地下深くにたまった高温の水蒸気を利用して，タービンを回して発電する方法。
石油化学コンビナート	石油製品を効率的に生産するために関係のある工場を集めた地域。
地産地消	地域で生産された農林水産物をその地域で消費する取り組み。
ニュータウン	人口増加に伴う住宅不足を解消するために，郊外に建設された大規模な住宅団地。

42 中部地方の姿

日本海

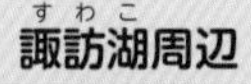

戦後，精密機械の生産がさかんに。近年は，電気機械工業の工場が進出。

中京(ちゅうきょう)工業地帯

工業生産額は日本一。自動車などの輸送用機械を中心とする機械工業の割合が高い。

若狭湾(わかさわん)沿岸

リアス海岸がみられる。原子力発電所が集中。

木曽川(きそがわ)，長良川(ながらがわ)，揖斐川(いびがわ)下流域

輪中(わじゅう)がみられ，稲作(いなさく)がさかん。

豊田(とよた)市

自動車工業が発達。
中京工業地帯の中心地。

渥美(あつみ)半島

豊川(とよがわ)用水を利用⇨キャベツ，メロン，菊(きく)などの施設(しせつ)園芸農業がさかん。

石川県
富山
金沢(かなざわ)
富山
福井
岐阜
福井県
岐阜
名古屋(なごや)
愛知

得点アップポイント 東海・中央高地・北陸の地域別の気候，産業の特色は要チェック。豊田市の自動車工業は最重要。長野県の高原野菜の栽培もよく出る。

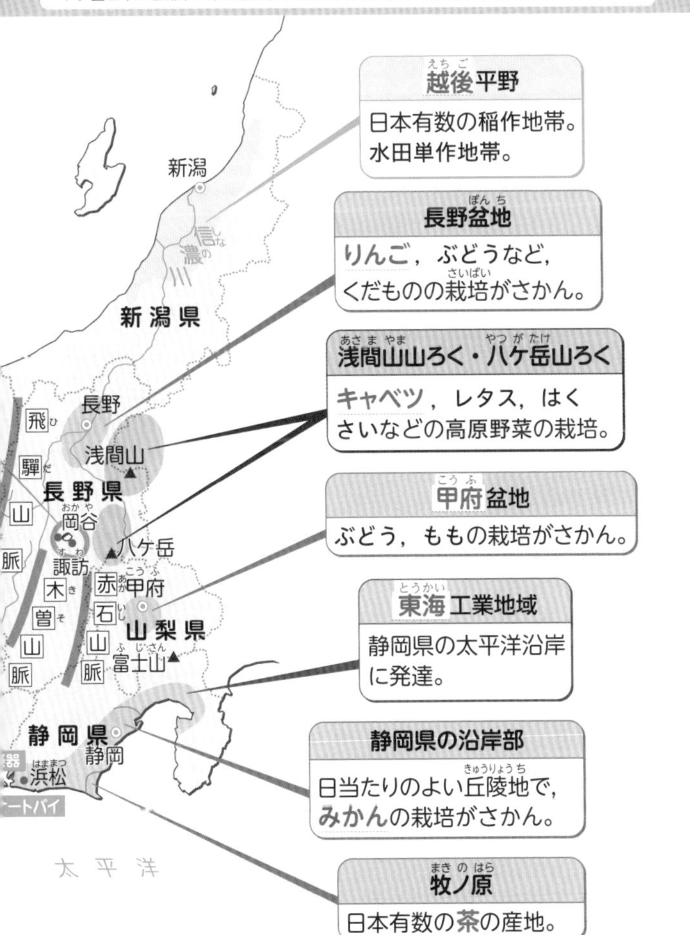

43 中部地方の自然と東海の産業

1 自然と気候

(1) **地域区分**…北陸・中央高地・**東海**の3地域。
（東海：近畿地方の三重県の一部を含むことがある）

(2) **中部地方の地形**

◎山地…**日本アルプス**⇨**飛驒山脈**・**木曽山脈**・**赤石山脈**。（日本アルプス：「日本の屋根」とも呼ばれる）

◎山…**富士山**，浅間山，八ケ岳。

◎海岸…若狭湾岸は**リアス海岸**。

◎平地・河川…**信濃川**下流域に越後平野，**木曽川**・**長良川**・**揖斐川**下流域に**濃尾平野**⇨**輪中**がみられる。中央高地に**甲府盆地**。（甲府盆地：扇状地が広がる）

(3) **中部地方の気候**

①**日本海側の気候**…北陸。冬は**北西**の季節風の影響⇨冬の積雪が多い。

②**内陸(中央高地)の気候**…中央高地。昼と夜，夏と冬の気温差が大きい。

③**太平洋側の気候**…東海。夏は**南東**の季節風の影響で雨が多い。冬は乾燥。沿岸部は暖流の黒潮（日本海流）の影響で，冬でも比較的温暖。（沿岸部：静岡県の駿河湾沿い）

▲中部地方の主な地形

くわしく

輪中

田畑や家を水害から守るために，周りを堤防で囲んだ集落。

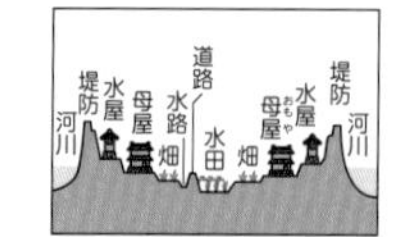

データファイル

日本海側の気候
上越(高田)

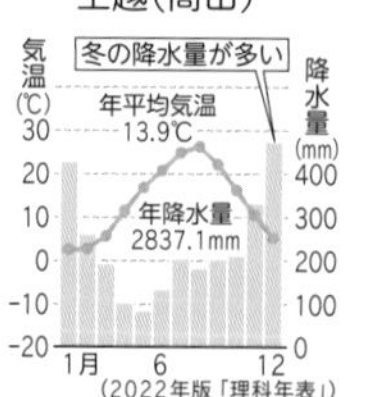

(2022年版「理科年表」)

2 東海の産業

(1) **名古屋大都市圏**…政令指定都市の**名古屋市**を中心とし，大都市圏を形成している。（名古屋市：人口約230万人（2021年））

テストでは 中部地方の地域区分，日本アルプスの名称(めいしょう)はよく出る。中京工業地帯・東海工業地域は，機械工業の占(し)める割合が高い点に注目。

(2) 工業

①**中京**(ちゅうきょう)**工業地帯**…愛知県から三重県北部。工業生産額は日本一。**機械工業**がさかん。
└── ほかの工業地帯・地域より機械工業の割合が高い

◎主な工業都市…**豊田**(とよた)市(**自動車工業**)，四日市(よっかいち)市(石油化学工業)，瀬戸(せと)市(陶磁器(とうじき))。
└── 豊田市に組み立て工場，周辺に関連工場

②**東海**工業地域…静岡県沿岸部。

◎**浜松**(はままつ)市とその周辺…オートバイ・楽器。
└── ピアノ

◎富士(ふじ)市…製紙・パルプ工業。

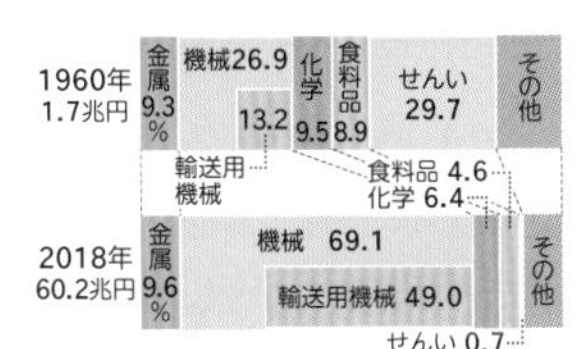

▲中京工業地帯の工業生産額の変化

茶 7.0万t	静岡 36.1%	鹿児島 34.2	三重 7.3	宮崎 4.4	福岡 6.2	その他
菊 13億本	愛知 33.9%	沖縄 18.1	鹿児島 5.1	長崎 3.8		その他

(2020年) (2022年版「県勢」)

▲茶・菊の生産量割合

(3) 農業

◎**施設園芸**(しせつえんげい)**農業**…渥美(あつみ)半島でメロンや，電照栽培(でんしょうさいばい)による**菊**(きく)の**抑制栽培**(よくせいさいばい)。
└── ビニールハウスや温室　└── 豊川用水を利用　└── 夜間に照明を当てて開花時期を遅らせる

◎静岡県…牧ノ原(まきのはら)で**茶**。みかん。

(4) **漁業**…焼津(やいづ)港(静岡県)は遠洋漁業の基地。

(Cynet Photo)

▲菊の電照栽培の様子(愛知県渥美半島)

テストの例題チェック

① 中部地方の太平洋側の地域を何という？　[東海]

② 飛騨山脈・木曽山脈・赤石山脈を合わせて何という？　[日本アルプス(日本の屋根)]

③ 水害を防ぐために周りを堤防で囲んだ集落を何という？　[輪中]

④ 愛知県から三重県北部に広がる工業地帯を何という？　[中京工業地帯]

⑤ 静岡県沿岸部に広がる工業地域を何という？　[東海工業地域]

⑥ 渥美半島で夜間に照明を当てて栽培されている農作物は何？　[菊]

44 中央高地と北陸の産業

1 中央高地の産業

(1) 工業

①製糸業…まゆから生糸をつくる工業。明治時代に発達したが，昭和時代初めに衰退。

②**精密機械**工業…第二次世界大戦後，時計やカメラなどの精密機械工業が発達。

③**電気機械**工業…1980年代以降，高速道路の整備が進む⇨高速道路沿いに電子部品やプリンタなどの工場が進出。

データファイル

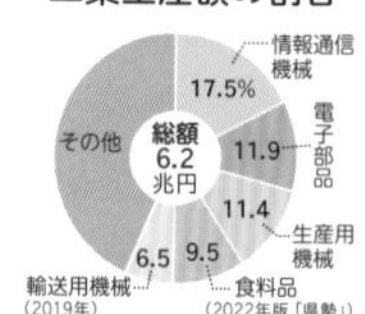

16.3万t	山梨	長野	山形	岡山	その他
	21.4%	19.8	9.5	8.5	

(2020年) (2022年版「県勢」)

▲ぶどうの生産量割合

(2) 農業

①**果樹栽培**…甲府盆地や長野盆地で**ぶどう**や**もも**，**りんご**の栽培。（扇状地が広がる）

②**高原野菜**…野辺山原や浅間山のふもとで，**レタス**や**キャベツ**などを夏の涼しい気候をいかして**抑制栽培**。（八ケ岳のふもと）（ほかの産地の出荷量が減る夏に出荷）

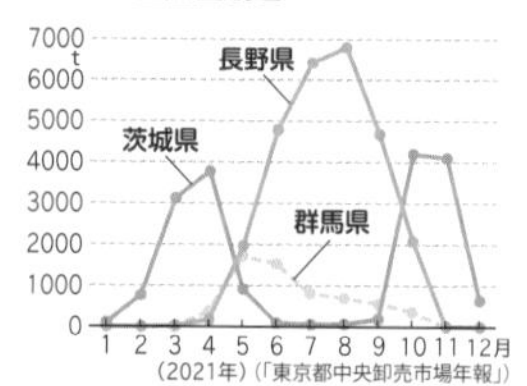

▲東京都中央卸売市場に入荷するレタスの量

2 北陸の産業

(1) 工業…農作業ができない冬の副業として発達した地場産業や伝統産業。雪解け水を利用した金属・化学工業。

①**地場産業**…鯖江市（福井県）で**眼鏡枠（眼鏡フレーム）**づくり。燕市（新潟県）で金属製品。（スプーンなど）

(朝日新聞社／Cynet Photo)

▲眼鏡枠の組み立て作業（福井県鯖江市）

テストでは 長野県のレタスの出荷量が夏に多い理由を問う問題はよく出る。地場産業では，鯖江市の眼鏡枠(眼鏡フレーム)を要チェック。

②**伝統産業**…小千谷縮(おぢやちぢみ)(新潟県)，加賀友禅(かがゆうぜん)(石川県)，金沢箔(かなざわはく)(石川県)，輪島塗(わじまぬり)(石川県)，高岡銅器(たかおか)(富山県)などの**伝統的工芸品**。

③**北陸工業地域**(ほくりく)…金属・化学工業が発達。富山県で**アルミニウム**をサッシなどへ加工。

(2)**農業**…土地改良で日本有数の稲作(いなさく)地帯に。

①**水田単作**…冬の間の積雪で農作業が困難だが，雪解け水が豊富→稲作だけを行う。
（水田単作：一年に一回，同じ耕地で米だけをつくること）

②**銘柄米**(めいがらまい)…優れた品質を認められた米。新潟県の「魚沼(うおぬま)産コシヒカリ」など。

③米に関連した産業…米を原料にしたせんべいなどの米菓(べいか)や餅(もち)，日本酒の製造など。

④その他…富山県や新潟県の**チューリップの球根**栽培，石川県の砂丘(さきゅう)での野菜栽培。

ミス注意

・**地場産業**…地元の原材料や古くからの技術を使う。

・**伝統産業**…地場産業のうち，織物(おりもの)や漆器(しっき)など伝統的工芸品をつくる産業。

データファイル

新潟県の農業生産額の割合

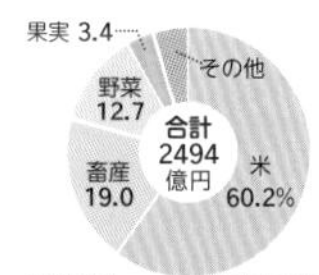

(2019年)　(2022年版「県勢」)

テストの例題チェック

① 中央高地で発達した，時計やカメラをつくる工業は何？［ 精密機械工業 ］

② 中央高地で1980年代以降に発達した，電子部品やプリンタなどをつくる工業を何という？［ 電気機械工業 ］

③ 野辺山原や浅間山のふもとで栽培がさかんな，レタスやキャベツなどの野菜を何という？［ 高原野菜 ］

④ 鯖江市で地場産業として生産されているものは何？［ 眼鏡枠(眼鏡フレーム) ］

⑤ 小千谷縮などの古くからの工芸品をつくる産業を何という？［ 伝統産業 ］

⑥ 一年に一回，同じ耕地で米だけをつくることを何という？［ (水田)単作 ］

45 関東地方の姿

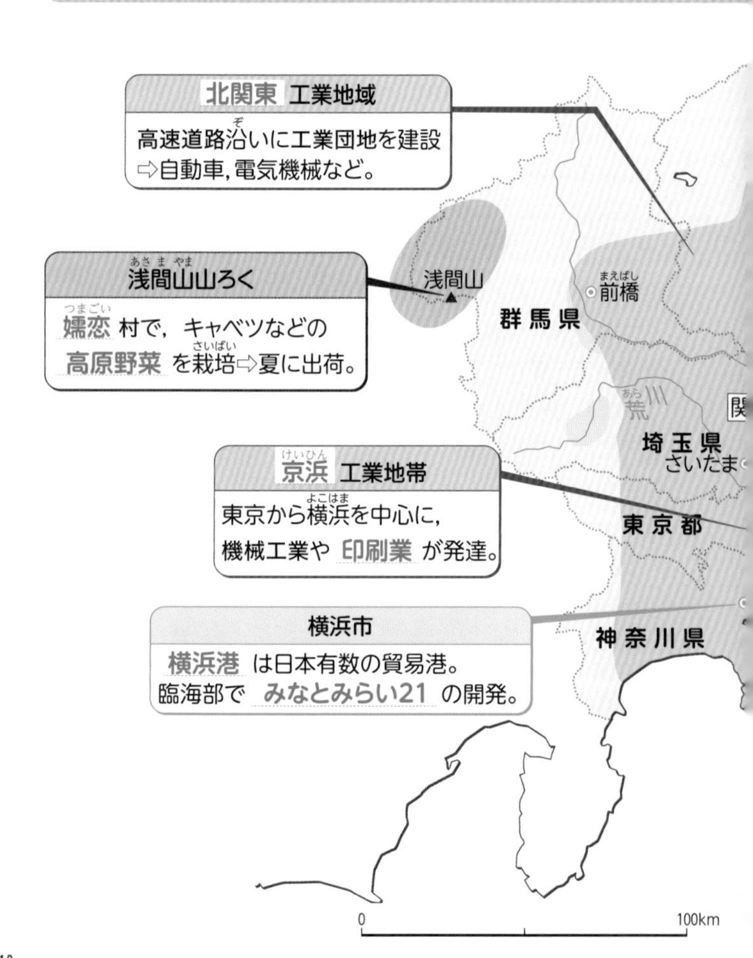
北関東 工業地域
高速道路沿いに工業団地を建設
⇨自動車,電気機械など。
浅間山山ろく
嬬恋 村で，キャベツなどの
高原野菜 を栽培⇨夏に出荷。
京浜 工業地帯
東京から横浜を中心に,
機械工業や 印刷業 が発達。
横浜市
横浜港 は日本有数の貿易港。
臨海部で みなとみらい21 の開発。
浅間山
前橋
群馬県
荒川
埼玉県
さいたま
東京都
神奈川県
0
100km

得点アップポイント 京浜工業地帯，京葉工業地域，北関東工業地域の特色は要チェック。東京都の周辺の県で近郊農業がさかんなことを覚えておこう。

5章

46 関東地方の自然と東京大都市圏

1 自然と気候

(1) 関東地方の地形

◎山地…**関東**山地，越後(えちご)山脈，阿武隈(あぶくま)高地が連なる。

◎**関東平野**…日本最大の平野。**関東ローム**に覆(おお)われる。（火山灰が堆積した赤土）

◎河川…**利根川**(とねがわ)は流域面積が日本最大。多摩川(たまがわ)，荒川(あらかわ)。

◎海岸線…太平洋(たいへいよう)側は**砂浜海岸**（九十九里浜）。東京湾(わん)岸は埋(う)め立て地が多い。

▲関東地方の主な地形

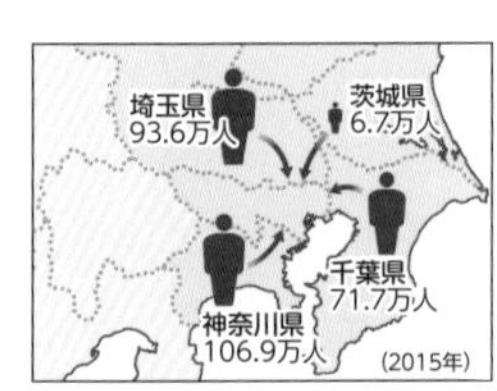

▲周辺地域から東京都への通勤・通学者数 (2022年版「県勢」)

(2) 関東地方の気候

①太平洋側の気候…関東地方の大部分。内陸部は夏に猛暑(もうしょ)になることもあり，冬は**からっ風**が吹(ふ)く。（冬に関東地方に吹く，冷たく乾いた北西の季節風）

②離島(りとう)の気候…**小笠原諸島**(おがさわら)は亜熱帯の気候。（世界自然遺産）

③都心の気候…**ヒートアイランド現象**（都市の中心部の気温が周辺部よりも高くなる現象）。短時間の局地的大雨(ゲリラ豪雨(ごうう))が増加。

2 東京と東京大都市圏

出る

(1) **東京**…日本の**首都**（国の政治の中心地）。中心部は23の特別区。一極集中が進む。隣県(りんけん)からの通勤・通学者が多いため，**夜間人口**より**昼間人口**(ちゅうかん)が多い。

ミス注意

■**昼間人口**…常に地域に住んでいる人口に他地域からの通勤・通学者を足し，他の地域に出て行く人口を引いた人口。

■**夜間人口**…常に地域に住んでいる人口。

テストでは 日本最大の関東平野と利根川，関東ロームはよく出る。都心部の昼間人口と夜間人口についての出題も多い。

(2) **交通網の中心**

①鉄道網…**都心**から放射状にのびる。新宿・渋谷・池袋などの**副都心**に複数の路線が乗り入れる**ターミナル駅**がある。

②**東京国際(羽田)空港**…国内線の中心。近年は，国際線も充実し，**成田国際空港**(千葉県)とともに東京の空の玄関口。

(3) **東京大都市圏**…日本の人口の約４分の１が集中。**過密**による都市問題の発生。

（通勤時間帯の混雑，ごみ問題など）

①都市機能の分散…臨海部の**再開発**や，新都心の開発。筑波研究学園都市。

（幕張新都心，さいたま新都心など）

②**ニュータウン**…住民の少子高齢化，建物の老朽化→地域活性化の取り組み。

（多摩ニュータウン，港北ニュータウンなど）

（若い世代の呼び込み，古い建物の再生）

ミス注意

■**都心**…政治や経済の中心的な役割を果たしている大都市の中心部。千代田区・中央区・港区など。

■**副都心**…都心の周辺にあり，都心の機能を分担する地区。

テストの例題チェック

① 関東平野に堆積する赤土を何という？ [関東ローム]

② 流域面積が日本最大の河川は？ [利根川]

③ 冬に関東地方に吹く，冷たく乾燥した北西の風を何という？ [からっ風]

④ 都市の中心部の気温が周辺部よりも高くなる現象を何という？ [ヒートアイランド現象]

⑤ 国の政治の中心地である都市を何という？ [首都]

⑥ 東京を中心に形成されている都市圏を何という？ [東京大都市圏]

⑦ 都心の周辺にあり，都心の機能を分担する地区を何という？ [副都心]

⑧ 日本の国内線の中心となっている空港は？ [東京国際(羽田)空港]

47 関東地方の産業

1 工業・第3次産業

(1) **臨海部の工業地域**…船舶による原料・燃料や製品の輸送に便利な東京湾岸の埋立地に鉄鋼，石油化学などの大工場や火力発電所。

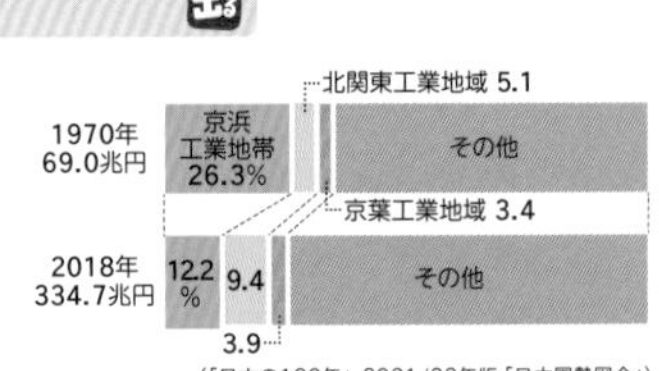

▲関東地方の工業地帯・地域の工業の割合の変化

①**京浜工業地帯**…東京から横浜が中心。新聞社や出版社が多く，情報が集まる東京都は**印刷業**が発達。近年は，工業用地の不足から周辺地域へ工場が移転⇨全国に占める工業生産額の割合が低下。

②**京葉工業地域**…千葉県の東京湾岸。**鉄鋼業**（千葉，君津）や**石油化学工業**（市原，袖ケ浦）が発達。機械工業より化学工業や金属工業の割合が高い。

③近年の変化…アジア諸国との競争で工場が閉鎖⇨跡地を再開発。

(2) **内陸部の工業地域**…東京湾の臨海部（工業用地が不足）から北関東の内陸部（地価が安い）に工場が移転。

◎**北関東工業地域**（栃木県・群馬県・茨城県に形成）…高速道路（関越自動車道，東北自動車道など）のインターチェンジ付近に県や市町村が**工業団地**を建設。**自動車**や**電気機械**などの工業が発達。

(3) **第3次産業**…商業やサービス業がとくに発達。情報通信技術（ICT）関連など。

データファイル

印刷業の工業生産額の割合

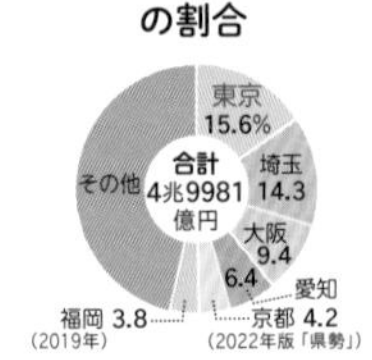

ミス注意

京浜と京葉

東京から横浜にかけての地域を中心に発達したことから京浜工業地帯，東京から千葉に工業地域が広がったことから京葉工業地域と呼ばれる。

テストでは　関東地方に広がる工業地帯・地域を押さえておくこと。近郊農業の特色も要チェック。

2 農業

(1)**近郊農業**…都市部の住民向けに，周辺の県で野菜や花を栽培。

①特色…安い輸送費。短時間で輸送⇨**新鮮なまま供給できる。**

②関東地方の主な県の農畜産物

◎茨城県…はくさい，ピーマン，鶏卵。

◎千葉県　ねぎ，だいこん，鶏卵。

◎埼玉県…ほうれんそう，にんじん。

◎群馬県…キャベツ，レタス。

(2)**高原野菜**の栽培…群馬県嬬恋村で，夏でも涼しい高原の気候をいかして，**キャベツ**の栽培がさかん。保冷トラックで全国に出荷。

嬬恋村：浅間山の山ろく

保冷トラック：長距離輸送が可能

データファイル

ねぎとキャベツの生産量割合

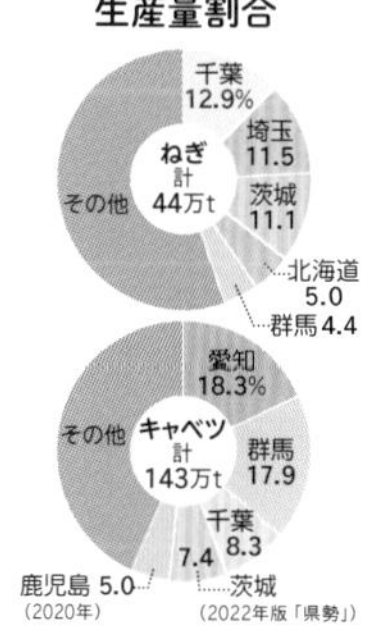

テストの例題チェック

① 東京都と神奈川県，埼玉県に広がる工業地帯を何という？ [京浜工業地帯]

② 東京都の中心部でさかんな，工業生産額日本一の工業は？ [印刷業]

③ 東京湾の千葉県側に広がる工業地域を何という？ [京葉工業地域]

④ 北関東の工業地域で，県や市町村が高速道路のインターチェンジ付近につくり，工場を誘致した地域を何という？ [工業団地]

⑤ 大都市周辺で野菜や花をつくる農業を何という？ [近郊農業]

⑥ 群馬県嬬恋村で，夏でも涼しい気候をいかして栽培されている農作物は？ [キャベツ]

48 東北地方の姿

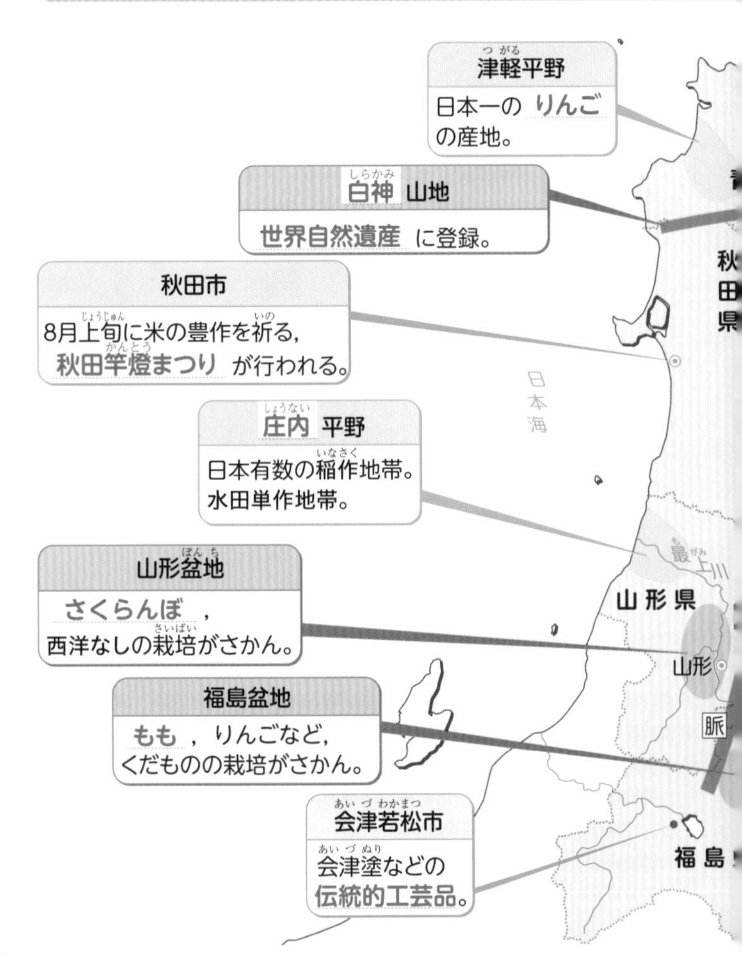
津軽平野
日本一の りんご の産地。
白神 山地
世界自然遺産 に登録。
秋田市
8月上旬に米の豊作を祈る，
秋田竿燈まつり が行われる。
庄内 平野
日本有数の稲作地帯。
水田単作地帯。
山形盆地
さくらんぼ ，
西洋なしの栽培がさかん。
福島盆地
もも ，りんごなど，
くだものの栽培がさかん。
会津若松市
会津塗などの
伝統的工芸品。
日本海
秋田県
最上川
山形県
山形
脈
福島

得点アップポイント 奥羽山脈を境に東西で気候が異なることに注意。各地の伝統的な祭り，文化，伝統的工芸品も要チェック。

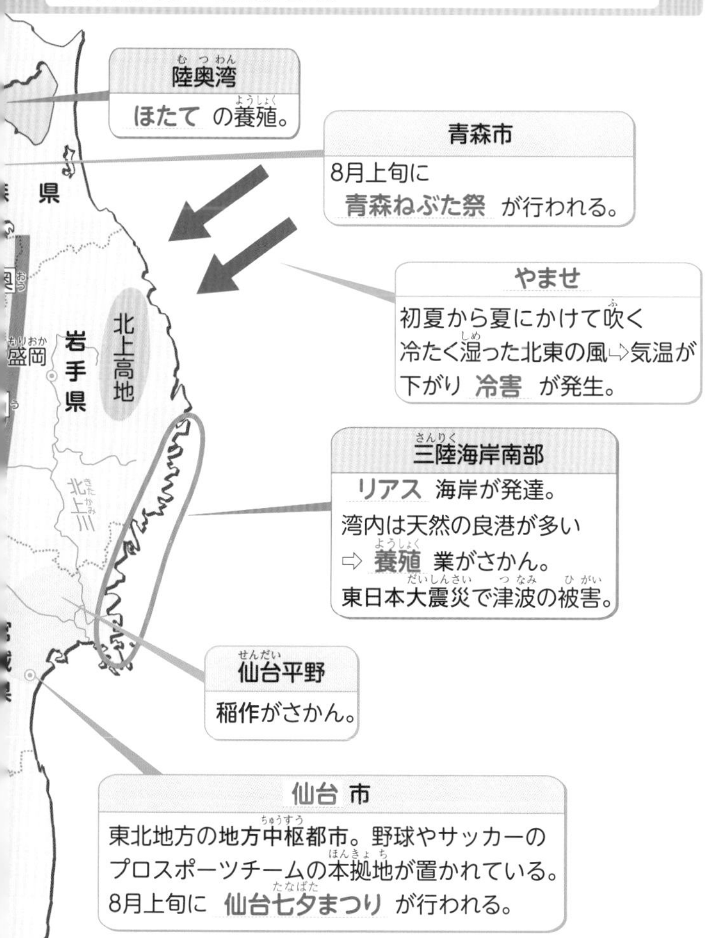

49 東北地方の自然と伝統文化

1 | 自然と気候

(1) 東北地方の地形

◎山地…ほぼ中央に**奥羽**山脈（太平洋側と日本海側を区分）。東に**北上高地**，西に出羽山地が南北に連なる。**白神**山地（ぶなの原生林が残る）は**世界自然遺産**に登録。

◎海岸…太平洋側の**三陸海岸**（東日本大震災で津波の被害）南部は複雑な**リアス海岸**。日本海側は単調な砂浜海岸。

◎平地・河川…**最上川**下流域に**庄内平野**，**北上川**下流域に**仙台平野**。北上盆地，山形盆地，会津盆地など。

(2) 東北地方の気候

①**太平洋側の気候**…奥羽山脈の**東側**。冬の積雪は比較的少ない。初夏から夏に**やませ**が吹くと，くもりや霧の日が続いて日照時間が減り，低温になる⇨農作物が十分に育たず，収穫量が減る**冷害**になりやすい。

②**日本海側の気候**…奥羽山脈の**西側**。夏は晴天の日が多く，気温も上昇。冬は**北西**の季節風が暖流の対馬海流の上を通り，湿った空気を含むため，雨や雪が多く降る。

くわしく

東日本大震災

2011年３月11日，三陸沖を震源とするマグニチュード9.0の大地震が発生。この地震により津波が発生し，東北地方の太平洋岸に大きな被害を与えた。

くわしく

やませ

初夏から夏に東北地方の太平洋側に吹く**冷たく湿った北東風**。

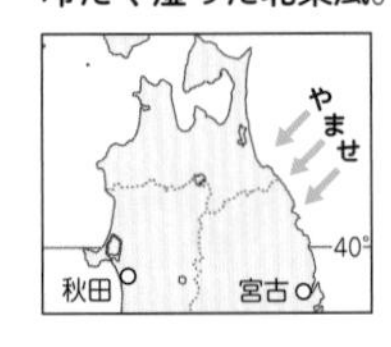

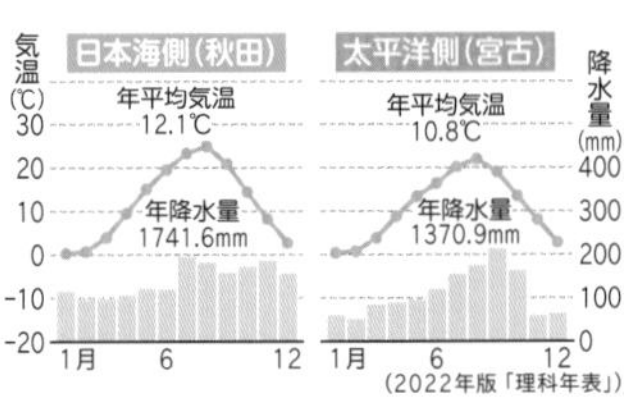

▲日本海側と太平洋側の気候の違い

テストでは やませが気候や農業に与える影響を押さえておこう。東北三大祭りの写真を使った問題もよく出る。

2 | 伝統文化

(1) **伝統行事**…農業と関わりの深い行事や祭りが多い。

(写真は3枚ともCynet photo)

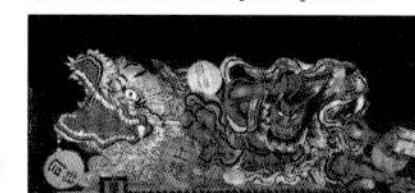

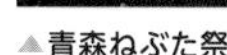

▲青森ねぶた祭

①**東北三大祭り**… 8月上旬に各地で開催。

◎**青森ねぶた祭**…「ねぶた」と呼ばれる人形型の灯籠を屋台に乗せて練り歩く。

◎**秋田竿燈まつり**…提灯を米俵に見立てて，豊作を祈る。

◎**仙台七夕まつり**…もともとは豊作を願う祭り。近年は観光イベントとして開催。

▲秋田竿燈まつり

②**年中行事**…男鹿半島(秋田県)の**なまはげ**は，正月をむかえるための年中行事で，重要無形民俗文化財，ユネスコの無形文化遺産。

重要無形民俗文化財：衣食住や祭りなどの無形の文化財の中で国が重要と指定したもの

▶**なまはげ** 大みそかに行われる

テストの例題チェック

① 東北地方の中央部を南北に連なる山脈は？ [奥羽山脈]

② 三陸海岸南部にみられる，複雑に入り組んだ海岸地形を何という？ [リアス海岸]

③ 夏に東北地方の太平洋側に吹く，冷たい北東風を何という？ [やませ]

④ 8月上旬に青森市で行われている伝統的な祭りは？ [青森ねぶた祭]

⑤ 8月上旬に秋田市で行われている伝統的な祭りは？ [秋田竿燈まつり]

⑥ 男鹿半島で大みそかに行われている年中行事は？ [なまはげ]

50 東北地方の産業

1 | 工業・伝統産業

(1)工業

①交通網の整備…1970～80年代に東北新幹線や**東北自動車道**が開通。その後，東西方向を結ぶ高速道路や新幹線が整備。
└─ 山形自動車道や山形新幹線・秋田新幹線など

②工業の変化…かつては食料品工業が中心。

◎1970～80年代…高速道路沿いに**工業団地**を建設し，電子部品，電気機械，情報通信機械などの工場が増える。

◎1990年代以降…岩手県から宮城県にかけての高速道路沿いに**自動車組み立て工場**や部品の関連工場が進出⇨自動車生産の拠点に。
└─ ハイブリッドカーなど

③環境に配慮したエネルギー…東日本大震災での原子力発電所の事故⇨**再生可能エネルギー**を導入する動き。
└─ 風力，地熱，太陽光，バイオマスなど

(鎌形久／PPS通信社)
▲風力発電所の風車(福島県)

(2)伝統産業

①歴史…農作業ができない冬の農家の副業として発達⇨**伝統的工芸品**。

②課題と変化…大量生産の安価な製品におされ生産量が一時減少したが，現代的なデザインを取り入れ，海外でも人気に。

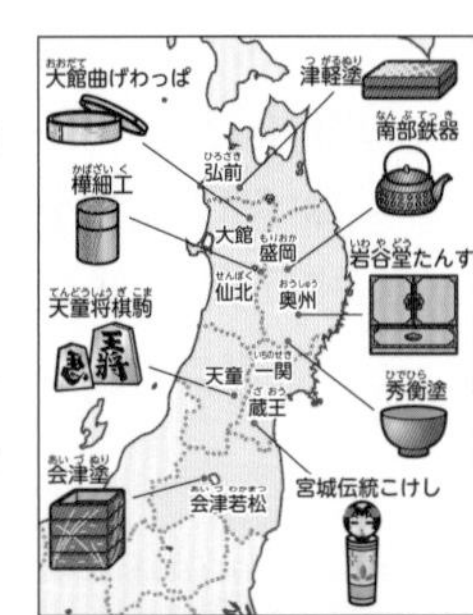

▲東北地方の主な伝統的工芸品

(株式会社岩鋳)
▲輸出向けの南部鉄器

テストでは りんご・さくらんぼの生産量のグラフはよく出題される。三陸海岸で漁業がさかんな理由をしっかり理解しておこう。

2 | 農業・漁業

(1) **稲作**（いなさく）… 日本の**穀倉地帯**（こくそうちたい）。東北地方の米の生産量は全国の約3割。庄内（しょうない）平野，仙台（せんだい）平野，秋田平野など。

└── 北陸地方と並ぶ米どころ

①**冷害** … 太平洋側（たいへいようがわ）では，**やませ**が吹（ふ）くと，不作になることもある。

②品種改良 … 冷害に強い品種の開発⇨味のよい**銘柄米**（めいがらまい）の開発も進む。

③**減反政策**（げんたんせいさく）… 米が余るようになり，米の生産量を制限⇨2018年産から廃止（はいし）。

└── 1970年代ごろ，米の生産量が消費量を上回る

(2) **果樹栽培**（さいばい）… 青森県の**りんご**，山形県の**さくらんぼ**，福島県のもも。

└── 津軽平野（りんご）

└── 全国の約7割を生産（さくらんぼ）

(3) **漁業** … 三陸海岸は天然の良港が多く，沖合いに**潮目（潮境）**（しおめ（しおざかい））⇨漁獲量（ぎょかくりょう）が多い。

◎**養殖業**（ようしょく）… 三陸海岸の入り江や陸奥湾（むつわん）で，わかめ，こんぶ，かき，ほたてなど。

データファイル

りんごとさくらんぼの生産量割合

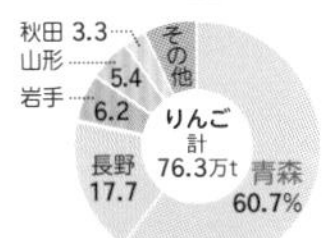

(2020年)

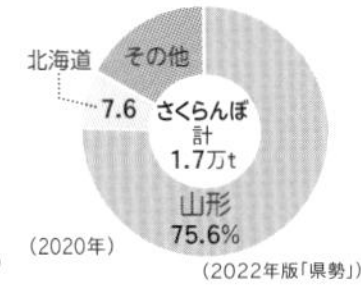

(2020年)

(2022年版「県勢」)

くわしく

東北地方の好漁場

三陸海岸沖には，寒流の**親潮**（おやしお）**と暖流の黒潮**（くろしお）**が出合う**潮目（潮境）があり，魚のえさとなるプランクトンが豊富。

テストの例題チェック

① 東北地方を縦断（じゅうだん）する高速道路を何という？ [東北自動車道]

② 盛岡市などで古くから生産されている鉄器を何という？ [南部鉄器]

③ やませが吹いて稲が不作になることを何という？ [冷害]

④ 政府が米の生産量を制限した政策を何という？ [減反政策]

⑤ 青森県の津軽（つがる）平野で栽培がさかんな果実は何？ [りんご]

⑥ 三陸海岸沖で寒流の親潮と暖流の黒潮がぶつかる海域は？ [潮目(潮境)]

51 北海道地方の姿

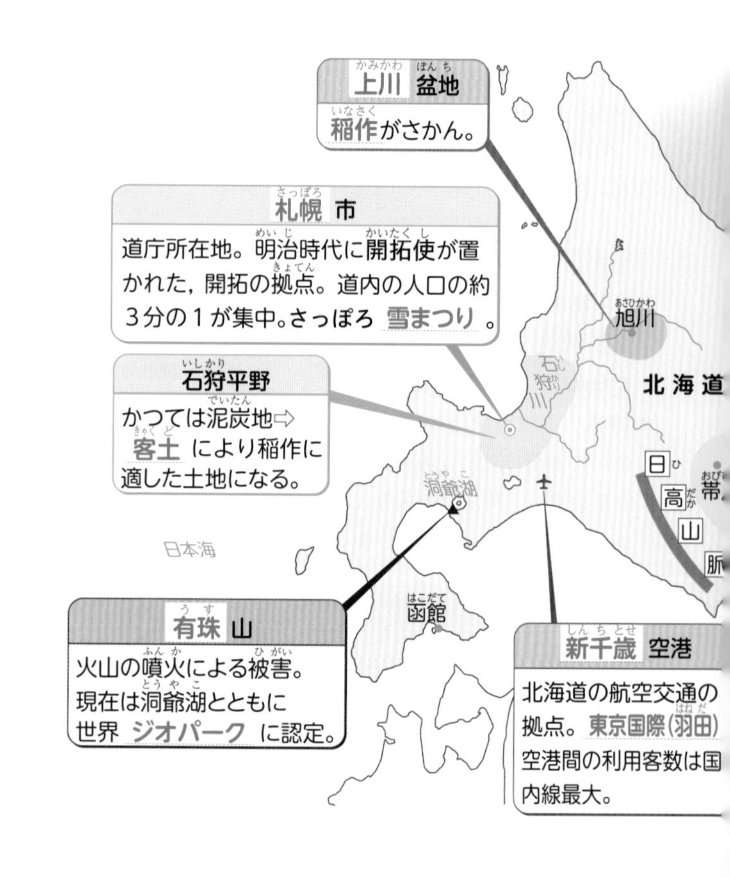
上川 盆地
稲作がさかん。
札幌 市
道庁所在地。明治時代に開拓使が置かれた，開拓の拠点。道内の人口の約3分の1が集中。さっぽろ 雪まつり 。
石狩平野
かつては泥炭地⇨ 客土 により稲作に適した土地になる。
有珠 山
火山の噴火による被害。現在は洞爺湖とともに世界 ジオパーク に認定。
新千歳 空港
北海道の航空交通の拠点。東京国際(羽田)空港間の利用客数は国内線最大。
旭川
石狩川
北海道
日高山脈
帯
洞爺湖
日本海
函館

得点アップポイント 平野や台地の位置と名前は，さかんな農業とセットで覚えておこう。稲作は石狩平野，畑作は十勝平野，酪農は根釧台地が中心。

根釧台地

日本最大の 酪農 地帯。バターやチーズなどの生産がさかん。

十勝 平野

畑作と酪農がさかん。輪作 で地力の低下を防ぐ。てんさい，じゃがいもなど。

52 北海道地方の自然と歩み

1 自然と気候

出る

(1) 北海道地方の地形

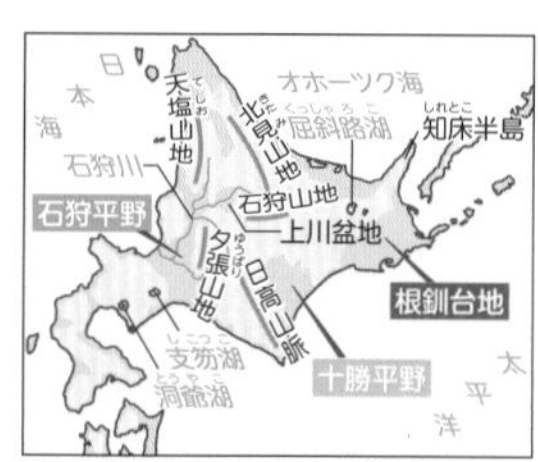

▲主な北海道の地形

◎山地…**北見**山地や**日高山脈**などが南北に連なる。

◎火山…**有珠山**（2000年に噴火），十勝岳など⇨噴火による災害が起こる一方で，美しい景観は**国立公園**に指定され，観光資源となっている。

◎平地・河川…**石狩川**（長さは全国第３位）流域に**石狩**平野，十勝川流域に**十勝**平野。東部には**根釧**台地。

◎半島…東部の**知床**は**世界自然遺産**に登録。

(2) 北海道地方の気候…**亜寒帯(冷帯)**。

①特色…夏は涼しく，冬の寒さが厳しい。**はっきりとした梅雨がない。**

◎冬から春先，**オホーツク海沿岸**に**流氷**が押し寄せる。

②気候の違い

◎太平洋側…夏の南東の季節風が**寒流の親潮**（千島海流）に冷やされ，**濃霧**（夏でも低温，短い日照時間）が発生。

◎日本海側…湿った北西の季節風で積雪。

◎内陸部…盆地では，冬に－20～－30℃前後の低温になることもある。

参考

カルデラ湖

火山の噴火によりできたくぼ地に水がたまり，湖になったもの。北海道では，屈斜路湖・支笏湖・洞爺湖など。

くわしく

世界自然遺産

ユネスコが世界遺産条約に基づいて「人類共通の財産」と認めた生態系や景観のこと。日本では，**白神山地**，**屋久島**，**知床**，**小笠原諸島**，**奄美・沖縄**の５件(2022年３月現在)。

テストでは 北海道の代表的な地形や，世界自然遺産の知床はよく出る。アイヌの人々の暮らしと開拓の歴史も要チェック。

2｜歩みと生活

(1)**アイヌの人々**…独自の文化。2019年，アイヌ民族を先住民族と明記する法律を制定。（アイヌ施策推進法（アイヌ民族支援法））

(2)**開拓の歴史**…明治時代，**蝦夷地**を北海道に改称。札幌に**開拓使**を置き，**屯田兵**を送る。（屯田兵：開拓と警備をかねる）

(3)**札幌市**…道庁所在地。人口が集中。中心部は碁盤の目のように区画。（人口：北海道の人口の3分の1以上）

(4)**北海道地方の暮らし**

①寒さと雪…冬の寒さに備えた家や道路⇨**二重窓，ロードヒーティング**。**利雪**⇨雪を生かした施設，雪を楽しむ催し。（利雪：雪を利用して生活に役立てる取り組み）

②災害…火山の防災⇨ハザードマップの作成。洞爺湖や有珠山周辺は**世界ジオパーク**に認定⇨環境や防災を学べる観光地。（ハザードマップ：(防災マップ)）（世界ジオパーク：「大地の公園」という意味）

くわしく

アイヌの人々

北海道と周辺地域の先住民族。猟・採集生活を送り，独自の文化をつくってきた。北海道の地名には，アイヌの言葉を起源とするものが多い。

(ピクスタ)

▲**路肩を示す標識**　雪が積もっても，道路の端がどこか分かる。

テストの例題チェック

① 世界自然遺産に登録されている，北海道北東部の地域は？　[知床]

② 北海道は何という気候帯に属する？　[亜寒帯（冷帯）]

③ 冬から春先，オホーツク海沿岸に押し寄せるものは何？　[流氷]

④ 夏，南東の季節風が親潮（千島海流）に冷やされることで北海道の東部に発生する自然現象は？　[濃霧]

⑤ 北海道の先住民族は？　[アイヌの人々（アイヌ民族）]

⑥ 明治時代，北海道開拓のために札幌に置かれた役所は？　[開拓使]

53 北海道地方の産業

1 農業・漁業

(1)農業

①特色…広大な耕地を大型機械で耕作する**大規模な農業**。

②**稲作**…**石狩平野**，上川盆地でさかん。寒さに強い品種改良。

◎**客土**…石狩平野は，かつて**泥炭地**⇨ほかの土地から良質の土を運び入れる土地改良。
（泥炭地：栄養分が少ない泥状の湿地・沼地）

③**畑作**…**十勝平野**などでさかん。土地の栄養が落ちるのを防ぐ**輪作**を行っている。じゃがいも，豆類，**てんさい**，小麦などを栽培。
（輪作：数種の作物を年ごとに順番につくる）（てんさい：砂糖の原料）

④**酪農**…**根釧台地**や十勝平野でさかん。乳牛を飼育⇨バターやチーズを生産。近年は保冷技術の向上で生乳も全国に出荷。
（根釧台地：濃霧の影響で夏も低温で，稲作や畑作に不向き）

地域	農家一戸あたりの耕地面積
十勝地方	37.8ha
北海道	23.8ha
北海道以外の都府県の平均	1.6ha

(2015年)　(農林水産省資料)

▲農家一戸あたりの耕地面積

農作物	計	北海道	その他
てんさい	391.2万t	100%	
あずき	5.2万t	93.6%	その他
じゃがいも	220.4万t	78.6%	その他
小麦	94.9万t	66.4%	その他

(2020年)　(2022年版「県勢」)

▲農作物の全国生産に占める北海道の割合

(2)漁業

漁獲量は日本一。かつては**北洋漁業**がさかん⇨**排他的経済水域**の設定で衰退。

◎持続可能な漁業へ…「とる漁業」から「**育てる漁業**」へ。ほたてやうになどの**養殖業**，さけ，ますの**栽培漁業**がさかん。
（栽培漁業：稚魚を放流，大きくなった魚をとる）

(縄手英樹／PPS通信)

▲根釧台地の牧場

テストでは 北海道で栽培がさかんな農作物は押さえておこう。地元の農畜産物，魚介類をいかした食料品工業も要チェック。

2｜工業・観光業

(1)**工業**…地元でとれる農畜産物や魚介類を加工する**食料品工業**が発達。
- ◎帯広…バターやチーズをつくる**食料品工業**。
- ◎根室…魚介類を缶詰に加工する水産加工業。
- ◎苫小牧…森林をいかした**製紙・パルプ工業**。

データファイル

北海道の工業生産額の割合

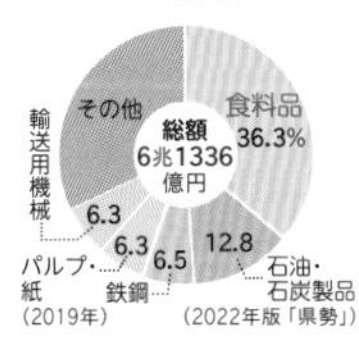

(2)**観光業**…美しい自然をいかした観光業が発達。
- ①自然をいかした観光…**さっぽろ雪まつり**（毎年2月，札幌市で開催），**世界自然遺産の知床**，オホーツク海沿岸の**流氷**観光，富良野のラベンダー畑など。
- ②交通網の整備…**新千歳空港**⇨北海道の空の玄関口。**北海道新幹線**⇨札幌まで延伸予定。
- ③**エコツーリズム**（エコツアー）…自然との関わり方を学びながら観光も楽しむという取り組み。

(Alamy／PPS通信)

▲さっぽろ雪まつり

テストの例題チェック

① 稲作がさかんな北海道西部にある平野は？ [石狩平野]
② 畑作がさかんな北海道中南部にある平野は？ [十勝平野]
③ 北海道の酪農の中心となっている北海道東部の台地は？ [根釧台地]
④ 北海道でさかんな，地元でとれる農畜産物や魚介類を加工する工業は？ [食料品工業]
⑤ 自然との関わり方を学びながら観光も楽しむ取り組みは？ [エコツーリズム（エコツアー）]

テスト直前 最終チェック!

中部地方の特色

北陸では，冬の副業として，さまざまな**地場産業**や伝統産業が発達した。

越後平野は日本有数の**稲作**地帯。

中京工業地帯
工業生産額が日本一の工業地帯。自動車工業がさかん。

東海工業地域
浜松市とその周辺でオートバイや楽器の生産，富士市でパルプ・製紙工業がさかん。

関東地方

北関東工業地域
高速道路の整備により，京浜工業地帯から工場が移転。

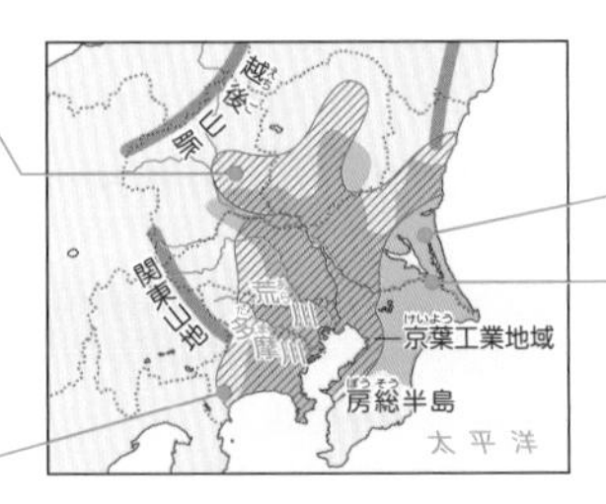

関東平野には，火山灰が堆積した**関東ローム**が広がる。

利根川
流域面積が日本一の川。

京浜工業地帯
かつては日本最大の工業地帯だったが，近年は郊外や内陸へ移転する工場が多い。

関東平野の畑作地域で，都市の住民向けに新鮮な野菜や花を出荷する**近郊農業**がさかん。

▶▶中部地方～北海道地方

東北地方の特色

津軽平野では
りんご
の栽培がさかん。

(Cynet Photo)

山形盆地では
さくらんぼ
の栽培がさかん。

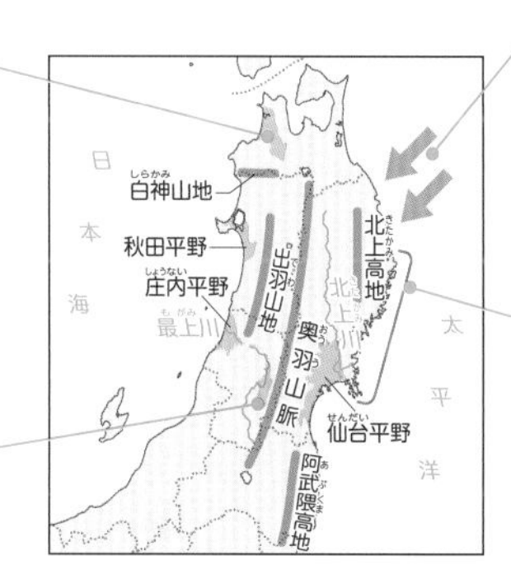

やませ
初夏から夏にかけて吹く冷たく湿った北東の風。吹くと冷害をもたらす。

三陸海岸
の南部には，リアス海岸が発達し，かきやわかめなどの養殖がさかん。

北海道地方の特色

石狩平野では，
稲作
がさかん。

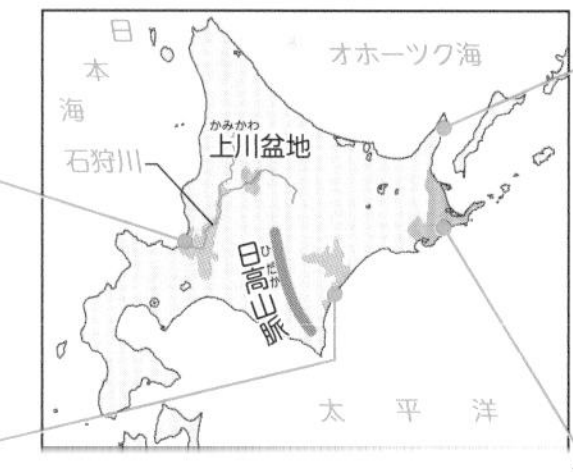

知床
世界自然遺産に登録されている。

(ピクスタ)

十勝平野では，
酪農と**畑作**
がさかんで，てんさいやじゃがいもなどを栽培。

北海道では地元でとれる農作物・水産物をいかした**食料品**工業がさかん。

根釧台地では，
酪農
がさかん。生乳や乳製品がつくられている。

☑ 重要用語チェック

＊うまく思い出せない地名・用語は該当ページに戻って，見直してみましょう。
複数ページにのっているものは，特に詳しいページを太字で示しています。

あ

□IC(集積回路) ………… 88
□ICT（情報通信技術） 77・**81**・114
□ICT産業 ………… 31
□アイヌの人々 ………… 125
□亜寒帯（冷帯）………… **18**・20・124
□アジア州 ………… 12
□アジア太平洋経済協力会議(APEC) ………… 53
□アジアNIES（新興工業経済地域） ………… 30
□ASEAN（東南アジア諸国連合） 30
□亜熱帯の気候 ………… 86・**89**
□アフリカ州 ………… 12
□アフリカ大陸 ………… 10
□アフリカ連合（AU）………… 41
□アボリジニ ………… 52
□アマゾン川 ………… 50
□アルプス山脈 …………34
□アルプス・ヒマラヤ造山帯…… 60
□アンデス山脈 ………… 50
□EU（ヨーロッパ連合）………… 35
□イギリス ………… 12
□石狩平野 ………… 75・122・124・**126**
□イスラム教 ………… **22**・29
□緯度 ………… 11
□稲作 …28・**72**・87・121・122・126
□イヌイット ………… 20
□インド洋 ………… 10
□APEC（アジア太平洋経済協力会議） ………… 53
□エクアドル ………… 13
□エコタウン ………… 88
□エコツーリズム（エコツアー） ………… 89・**127**
□越後平野 ………… 74・**105**
□択捉島 ………… 14
□遠洋漁業 ………… 73
□オアシス ………… 20
□奥羽山脈 ………… 118
□オーストラリア ………… 12
□沖合漁業 ………… 73
□沖ノ鳥島 ………… 14
□オセアニア州 ………… 12
□OPEC（石油輸出国機構） …… 30
□親潮（千島海流） ………… 61
□卸売業 ………… **77**・96
□温帯 ………… **18**・21・62
□温暖湿潤気候 ………… 18

か

- 開拓使 …… 122・**125**
- カカオ（豆）…… 40
- 加工貿易 …… 76
- 過疎（化）…… **67**・91・95
- 過密 …… **67**・113
- 火力発電 …… 71
- カルデラ …… 86
- 環境モデル都市 …… 84・**88**
- 乾燥帯 …… **18**・20
- 寒帯 …… **18**・20
- 環太平洋造山帯 …… **60**・64
- 関東地方 …… 16・**110**
- 関東平野 …… 112
- 関東ローム …… 112
- 紀伊山地 …… 97・**98**
- 機械工業 …… **76**・100・107
- 季節風（モンスーン） 18・**28**・62
- 北アメリカ州 …… 12
- 北アメリカ大陸 …… 10
- 北関東工業地域 …… 79・110・**114**
- 北九州工業地域（地帯） 78・85・**88**
- 北大西洋海流 …… 34
- 客土 …… 122・126
- 九州地方 …… 16・**84**
- 共助 …… 65
- キリスト教 …… **22**・29
- 近畿地方 …… 16・**96**
- 近郊農業 …… 72・75・**115**
- 国後島 …… 15
- グレートプレーンズ …… 44
- 黒潮（日本海流） …… **61**・86
- 経済特区 …… 31
- 経度 …… 11
- 京阪神（大阪）大都市圏 … 96・**100**
- 京浜工業地帯 …… 79・110・**114**
- 京葉工業地域 …… 79・111・**114**
- 減災 …… 65
- 原子力発電 …… 71
- 原油（石油）…… 30・**70**
- 工業団地 …… **76**・114・120
- 高原野菜 75・105・**108**・110・115
- 高山気候 …… **21**・50
- 公助 …… 65
- 甲府盆地 …… 75・105・106・**108**
- 高齢化 …… **66**・72・91・95
- コーヒー豆 …… 50
- コーラン（クルアーン） …… 22
- 国際河川 …… 34
- 穀物メジャー …… 45
- 小麦 …… **45**・50・53
- 混合農業 …… 36
- 根釧台地 …… 75・123・124・**126**

さ

- 再生可能エネルギー …… 37・**71**・85・120
- 栽培漁業 …… 73・**126**
- 札幌市 …… 122・**125**
- さとうきび …… 50・85・**89**
- サバナ …… **18**・40

□サバナ気候 …… 18
□サハラ砂漠 …… 40
□三角州 …… 61
□産業の空洞化 …… 77
□酸性雨 …… 37
□三大都市圏 …… 66
□サンベルト …… 46
□三陸海岸 …… 118
□潮目（潮境）…… 73・**121**
□色丹島 …… 15
□時差 …… 15
□自助 …… 65
□地震 …… 64
□施設園芸農業 …… 104・**107**
□自然災害 …… 64
□持続可能な社会 …… 37・**88**
□自動車工業 …… 88・94・104・**107**
□信濃川 …… 106
□地場産業 …… 108
□島国（海洋国）…… 13
□縮尺 …… 56
□首都 …… 111・**112**
□少子化 …… 66
□情報格差（デジタル・ディバイド） …… 81
□情報通信技術（ICT） 77・**81**・114
□条例 …… 99
□食料自給率 …… 72
□食料品工業 …… 127
□白神山地 …… 116・**118**
□シラス台地 …… 74・84・**86**
□シリコンバレー …… 46
□知床 …… 123・**124**
□人口ピラミッド …… 66
□人口密度 …… **13**・66
□新千歳空港 …… 122・**127**
□水田単作 …… 109
□水力発電 …… 71
□ステップ気候 …… 18
□ストロー現象 …… 91・**93**
□砂浜海岸 …… **61**・112
□スラム …… 41
□西岸海洋性気候 …… 18・**34**
□西南諸島の気候 …… 62
□政令指定都市 …… 92
□世界ジオパーク …… 122・**125**
□世界自然遺産 111・116・123・**124**
□世界文化遺産 …… 97
□石炭 …… 53・**70**
□赤道 …… 11
□石油化学コンビナート …… 91・**94**
□石油輸出国機構（OPEC） …… 30
□瀬戸内工業地域 …… 78・90・**94**
□瀬戸内の気候 …… 62
□尖閣諸島 …… 15
□扇状地 …… 61
□先端技術（ハイテク）産業 …… 46
□促成栽培 …**72**・74・85・87・91・94

た

□タイガ …… 18・20・**37**

第３次産業 …… 89
大西洋 …… 10
対せき点 …… 11
太平洋 …… **10**・14
太平洋側の気候 …… **62**・106・118
太平洋ベルト …… 76
大陸棚 …… 73
竹島 …… 15
多国籍企業 …… 47
多文化社会 …… 52
ため池 …… 91
地域おこし（町おこし・村おこし） …… 95
畜産 …… **72**・87
地形図 …… 56
地産地消 …… 95
地図記号 …… 57
地中海式農業 …… 36
地中海性気候 …… 18・**21**・34
地熱発電 …… 85・**86**
地方中枢都市 **67**・84・86・92・117
茶 …… **29**・75・105・107
中京工業地帯 …… 78・104・**107**
中国 …… 13・**31**
中国・四国地方 …… 16・**90**
中小企業 …… 96・**100**
中部地方 …… 104
中央高地 …… 106
対馬海流 …… 61・**86**
津波 …… 64
梅雨 …… **62**・86
ツンドラ気候 …… 18
適地適作 …… 45
鉄鉱石 …… 53・**70**
伝統産業 …… 109
伝統的工芸品 …… 99・**120**
東海 …… 106
東海工業地域 …… 79・105・**107**
東京国際（羽田）空港 …… 113
東京大都市圏 …… 113
等高線 …… 56
東北地方 …… 16・**116**
東南アジア諸国連合（ASEAN） …… 30
十勝平野 …… 75・**123**・124
利根川 …… **111**・112

な

内陸（中央高地）の気候 … **62**・106
ナイル川 …… 40
名古屋大都市圏 …… 106
成田国際空港 …… **111**・113
南極大陸 …… 10
二期作 …… 28
日本アルプス …… 60・**106**
日本海側の気候 …… **62**・106・118
二毛作 …… 87
ニュータウン …… 96・**101**・113
ネイティブアメリカン …… 44
熱帯 …… **18**・20
熱帯雨林気候 …… 18

□熱帯林（熱帯雨林） ………… **20**・50

は

□バイオ燃料（バイオエタノール） 51
□排他的経済水域 ………… **14**・73
□パイプライン ………… 37
□白豪主義 ………… 52
□ハザード（防災）マップ ………… 65
□畑作 ………… 126
□バチカン市国 ………… 13
□ハブ空港 ………… 80
□歯舞群島 ………… 15
□ハリケーン ………… 44
□阪神・淡路大震災 ………… 64
□阪神工業地帯 ………… 78・96・**100**
□パンパ ………… 50
□ヒートアイランド現象 ………… 112
□東日本大震災 ………… **64**・117
□ヒスパニック ………… 44
□日付変更線 ………… 15
□羊 ………… 52
□一人っ子政策 ………… 31
□ヒマラヤ山脈 ………… 28
□標準時子午線 ………… 15
□琵琶湖 ………… 97・**98**
□ヒンドゥー教 ………… **23**・29
□フィヨルド ………… 34
□フォッサマグナ ………… 60
□福岡市 ………… 84・**86**
□仏教 ………… **22**・29
□ぶどう ………… 74
□プランテーション ………… 29
□プランテーション農業 ………… 40
□BRICS ………… 37
□プレーリー ………… 44
□平和記念都市 ………… 90・**92**
□ペルシア（ペルシャ）湾 ………… 70
□偏西風 ………… 18・**34**
□方位 ………… 57
□貿易摩擦 ………… 77
□北陸 ………… 106
□北海道地方 ………… 122
□北海道の気候 ………… 62
□北方領土 ………… **15**・123
□本州四国連絡橋 ………… 91・**93**
□本初子午線 ………… 11

ま

□マオリ ………… 52
□みかん ………… 72・74・90・**94**・105
□ミシシッピ川 ………… 44
□南アメリカ大陸 ………… 10
□南鳥島 ………… 14
□銘柄米 ………… **109**・121
□メスチーソ ………… 50
□綿花 ………… 29・**45**
□モーダルシフト ………… 81
□モノカルチャー経済 ………… 41
□モンスーン（季節風）… 18・**28**・62

や

□焼畑農業 ………… 41・**51**
□八幡製鉄所 ………… 88

□山形盆地 …………………… 75・**116**

□やませ ……………… 117・**118**・121

□USMCA（米国・メキシコ・カナダ協定）…………………………… 47

□遊牧 ………………………… **20**・29

□ユーラシア大陸 …………… **10**・14

□ユーロ ………………………… 35

□養殖業 ………… **73**・117・121・126

□ヨーロッパ州 ………………… 12

□EU（ヨーロッパ連合）………… 35

□抑制栽培 …………… **72**・107・108

□与那国島 ……………………… 14

ら

□酪農 …………… **36**・45・123・126

□リアス海岸
61・97・**98**・104・106・117・118

□リマン海流 …………………… 61

□琉球王国 ……………………… 89

□流氷 ……………………… 123・**124**

□領土 …………………………… 14

□りんご ………… 72・75・116・**121**

□輪作 ……………………… 123・**126**

□レアメタル（希少金属） ……… 70

□冷害 ………… **64**・117・118・121

□ロシア ………………… **13**・15・123

□ロッキー山脈 ………………… 44

わ

□輪中 ……………………… 104・**106**

読者アンケートのお願い

本書に関するアンケートにご協力ください。
右のコードかURLからアクセスし、
以下のアンケート番号を入力してご回答ください。
当事業部に届いたものの中から抽選で年間200名様に、
「図書カードネットギフト」500円分をプレゼントいたします。

Webページ https://ieben.gakken.jp/qr/derunavi/

アンケート番号 305536

定期テスト 出るナビ 中学地理 改訂版

本文デザイン シン デザイン
編集協力 余島編集事務所
阿部薫
図 版 ㈲木村図芸社，ゼム・スタジオ
写 真 写真そばに記載
DTP 株式会社 明昌堂 管理コード：23-2031-1096(2021)

この本は下記のように環境に配慮して製作しました。
・製版フィルムを使用しないCTP方式で印刷しました。
・環境に配慮して作られた紙を使用しています。
※赤フィルターの材質は「PET」です。